U0557801

艺术体育
高校学术研究论著丛刊

体能学练方法与实践指导

吴文中　宋家成　著

中国书籍出版社
China Book Press

图书在版编目(CIP)数据

体能学练方法与实践指导 / 吴文中, 宋家成著.-- 北京 : 中国书籍出版社, 2022.8

ISBN 978-7-5068-9162-2

Ⅰ.①体… Ⅱ.①吴… ②宋… Ⅲ.①体能－身体训练 Ⅳ.①G808.14

中国版本图书馆CIP数据核字（2022）第159100号

体能学练方法与实践指导

吴文中　宋家成　著

丛书策划　谭　鹏　武　斌
责任编辑　张　娟　成晓春
责任印制　孙马飞　马　芝
封面设计　东方美迪
出版发行　中国书籍出版社
地　　址　北京市丰台区三路居路97号(邮编：100073）
电　　话　（010）52257143（总编室）　（010）52257140（发行部）
电子邮箱　eo@chinabp.com.cn
经　　销　全国新华书店
印　　厂　三河市德贤弘印务有限公司
开　　本　710毫米×1000毫米　1/16
字　　数　234千字
印　　张　14.75
版　　次　2023年3月第1版
印　　次　2023年3月第1次印刷
书　　号　ISBN 978-7-5068-9162-2
定　　价　86.00元

目　录

第一章　体能与体能训练的理论学习

体能是人体的基本运动能力，是运动员竞技能力的基本构成因素。不管是普通人的日常生活与学习，还是运动员的竞技训练与比赛，都需要具备良好的体能。个体的体能水平与先天遗传有关，但通过后天的科学训练能够得到极大的改善与提升。科学而系统的体能训练是提升普通人健康体能和运动员竞技体能的重要手段。本章主要对体能与体能训练的基本理论知识进行分析，内容包括体能与体能训练的含义，体能训练的重要意义、基本原则和理论基础。

第一节　体能与体能训练的含义

一、体能的含义

不管是在日常生活、学习、工作中，还是在体育锻炼、运动训练以及体育比赛中，我们经常会提到体能这个词。体能是我们做日常家务、长时间持续学习与工作和参与体育锻炼、运动训练以及体育比赛的基础条件，体能水平的高低直接影响学习与工作效率，影响体育锻炼效果和训练比赛成绩。可见，对于任何一个个体而言，具备良好的体能都是非常重要的。

关于体能的含义，国内外学者进行了诸多研究，下面分别对国内外关于体能含义的代表性研究成果进行分析。

（一）国外对体能含义的研究

国外对体能含义的研究主要从以下几方面展开。

1.身体素质

美国体能协会将体能界定为身体素质，其在描述体能时，指出体能的发展是从力量开始的，逐渐向其他身体素质递进与发展。[①]

2.能量供给

德国学者哈特曼（Hartmann）认为，机体能量供给是体能的主要体现。具体来说，机体的能量供应能力、能量转移能力以及对能量的分配与利用能

① 牟少华，万京一. 体能学[M]. 北京：人民体育出版社，2007.

力是一个人体能的主要反映。[①]

3.身体适应能力

美国运动医学会认为，体能主要表现在身体成分（主要是个体体脂率）、心肺耐力、肌肉适能（肌肉力量与肌肉耐力）以及身体柔软性（身体各部位自由活动且不感到疼痛）等方面。[②]

美国健康教育体育休闲舞蹈学会认为，有机体的运作能力直接从体能上反映出来。体能主要指的是人体的一系列适应能力，包括身体适应、情绪适应、精神适应、文化适应以及社会适应等。[③]该组织在1987年提出“体适能健康教育计划”，旨在促进青少年身体健康，预防疾病发生。该计划的核心是宣传和传授健康知识、营养知识以及体育对改善人体健康的意义，如提升有氧能力，发展肌肉力量和耐力等。

4.运动与健康能力

从运动与健康能力出发定义体能的主要观点是，在生活方面，体能是人们身体活动能力、工作适应能力和疾病抵抗能力的总和；在运动方面，体能是由身体形态、身体机能以及运动适应能力组成的综合能力。

（二）国内对体能含义的研究

我国对体能含义的研究，大概有以下几个方面。

1.身体素质

李福田研究认为，体能是指运动员的运动素质，包括力量、速度、耐力、柔韧、灵敏等能力，这些都从运动中表现出来。[④]

---

① 牟少华，万京一. 体能学[M]. 北京：人民体育出版社，2007.

② 由元春. 体能训练的新思路[M]. 青岛：中国海洋大学出版社，2019.

③ 同上。

④ 龙春生. 体能训练法[M]. 沈阳：辽宁大学出版社，2009.

赵志英等研究认为，体能侧重指运动员的专项耐力，即在运动负荷下的抗疲劳能力，表现在训练和比赛中。[①]

2.基本运动能力

从基本运动能力出发定义体能的基本观点是，体能包含在体质中，是人体所有器官、系统的运作能力，主要表现在肌肉活动中。具体指人的走、跑、跳、投、攀爬等基本活动能力。

运动训练学有关学者指出，体能是运动员竞技能力的重要组成部分之一，是运动员机体的基本活动能力。它包括三个组成部分，即身体形态、身体机能以及身体素质。其中，身体素质是核心，其他两个组成部分是身体素质的基础。[②]

3.综合运动能力

袁运平研究指出，体能是一种综合运动能力，是经过先天遗传和后天训练而形成的。其具体包括：人体形态结构，身体机能的调节能力，能量物质的储存、供应与利用能力以及机体与外界结合的能力等。[③]

孙学川从军事领域定义体能，指出体能是军人在特殊环境（高强度、高标准）下完成任务所必备的融生理、心理、生物等多方面素质于一体的综合生物学能力。[④]

熊斗寅研究认为，体能的概念是不确定的，它有大小之分。大体能指的是人体机能状态、身体素质、适应能力、基本运动能力等身体能力；小体能指的是具有运动训练性质的，体现在运动训练过程中的运动素质，如力量、速度、爆发力等。[⑤]

---

① 龙春生. 体能训练法[M]. 沈阳：辽宁大学出版社，2009.

② 同上。

③ 张全成，陆雯. 高级体超能与运动处方[M]. 北京：国防工业出版社，2013.

④ 同上。

⑤ 同上。

4.运动与健康能力

王保成研究指出，体能的含义有广义和狭义之分。广义上的体能指的是人体的各种积极适应能力，包括适应生活、学习与工作的身体能力以及身体抵抗力；狭义上的体能指的是运动员完成训练与比赛任务、克服疲劳的身体能力。①

还有学者指出，体能是包括健康、身体形态、身体机能以及身体素质在内的身体综合运动能力。它是运动员提升综合竞技能力和训练比赛成绩的必备能力。②

（三）体能的概念与解释

从国内外对体能含义的研究成果来看，研究的角度不同，切入点不同，定义也就有所差异，我们可以从多个方面来表达与理解体能的含义。从当前的研究来看，体能不是竞技体育领域的专属概念，它已经被广泛运用于人们的日常生活、学习和工作中。简单认为体能是适应日常生活的身体能力，或者说体能是运动员在运动训练和比赛中表现出来的身体素质，这些都是片面的观点，需要补充与完善。

对体能下定义，要注意以下几点：

第一，体能不管是对普通人群还是对专业运动员来说，都首先从其身体健康上体现出来，如果一个人身体不健康，缺乏基本的身体活动能力，就谈不上体能的好坏了。

第二，不管是一般的体育健身锻炼者，还是专业的运动员，都要从力量、速度、耐力、柔韧以及灵敏等几个方面来发展运动素质，提高身体能力，从而完成锻炼或训练的任务，实现预期目标。

第三，体能的发展以身体机能为动力，身体机能水平对体能的发展动向有直接的影响。

---

① 刘建国，崔冬雪，范秦海. 学生体能锻炼教程[M]. 石家庄：河北教育出版社，2010.

② 赵琦. 体能训练理论与方法[M]. 南京：东南大学出版社，2017.

第四，体能的外在表现是身体形态，如身体长度和围度，内在表现是身体机能，如身体脏器的性质等。

在分析体能定义诸多研究成果以及对其中的共同点加以总结的基础上，可以这样界定体能的概念：体能是指人体通过先天遗传和后天锻炼（训练）获得的在形态结构、机能状态及能量系统代谢方面的能力，并通过人体各器官、系统状态及各种运动素质所表现出来的适应外部环境的综合能力。①

明确体能的概念后，可以从以下几个方面来理解体能。

第一，体能的获得既有先天遗传的影响，也是后天努力的结果，是人体在身体形态结构、身体机能状态以及机体能量代谢等方面的能力。不同个体的体能水平有差异，有的差异是先天遗传造成的，有的与后天锻炼或训练因素有关。因为先天遗传不足而造成的体能低下可以通过后天努力锻炼或训练来改善，同时，因为先天遗传基因好而拥有的良好体能如果在后天不坚持锻炼，也会逐渐消退。

第二，体能的要素如身体形态、身体机能、运动素质等相互之间密切联系，互相影响，只有各要素协调发展才能使体能这一综合能力得到发展。个别因素良好并不代表整体体能素质良好。体能包含三级结构要素，每一级结构要素的协调发展对提升体能水平都具有重要意义（三级结构见表1-1）。这也为体能训练结构的确定奠定了基础。

表1-1　体能的三级结构要素②

第一级要素	第二级要素	第三级要素
身体形态	高度	身高
		坐高
		足弓高等

① 康利则，马海涛.体能训练理论与方法[M].西安：陕西人民出版社，2011.

② 谭成清.体能训练[M].长沙：湖南师范大学出版社，2012.

续表

第一级要素	第二级要素	第三级要素
身体形态	长度	手长
		臂长
		腿长等
	围度	臂围
		胸围
		臀围等
	宽度	髋宽
		肩宽等
	充实度	体重
		皮脂厚度等
身体机能	运动机能	肌肉
		骨骼
		关节等
	神经机能	传入神经
		传出神经
		神经突出等
	呼吸机能	肺通气
		气体运输
		气体交换等
	消化机能	物质消化吸收
		能量代谢
	循环机能	体循环
		微循环
		肺循环

续表

第一级要素	第二级要素	第三级要素
身体机能	内分泌机能	激素
		内分泌腺
		激素调节
	感觉机能	视觉
		听觉
		味觉
		本体感觉
	泌尿机能	肾小球滤过
		肾小管和集合管的重吸收等
运动素质	力量	快速力量
		最大力量
		力量耐力
	速度	位移速度
		动作速度
		反应速度
	耐力	有氧耐力
		无氧耐力
	柔韧	关节
		肌肉韧带伸展性等
	灵敏	反应时
		神经协调功能等

第三，体能是在机体与外部环境相结合的情况下表现出来的综合能力，不同的工作环境、专项运动对人体的身体机能、能量代谢、各器官系统的运作等有不同的要求，这些方面只有相互协调，适应外界环境与相关需求，才能充分表现与发挥出良好的体能水平。

二、体能训练的含义

（一）体能训练的定义

体能训练一般是从竞技体育的角度来定义与理解的，它是运动员运动训练的重要组成部分之一，是通过一般和专项身体训练，改造运动员身体结构与功能，提高运动员身体机能水平和专项运动素质的过程，从而为提高运动员的综合竞技能力及比赛成绩奠定坚实、深厚的基础。①

（二）体能训练与体能锻炼的含义区分

体能训练和体能锻炼不同，前者是从竞技体育领域出发界定的，面向运动员，后者是从大众健身领域出发界定的，面向普通大众。体能锻炼的含义是人们采取身体练习的方式来塑造良好身体形态，提高身体机能与身体素质，促进身体健康的实践过程。②

从体能锻炼与体能训练的含义来看，它们之间的区分主要体现在以下几个方面。

1.适用对象的不同

体能锻炼面向的是普通大众；体能训练面向的是专业运动员。

2.目的的不同

大众进行体能锻炼的目的是改善体质，增进健康；运动员参与体能训练的目的是提升运动素质和竞技能力，最终提升比赛成绩。

---

① 龙春生.体能训练法[M].沈阳：辽宁大学出版社，2009.

② 秦剑博，常宇伟.大学生体能健身理论与方法[M].北京：北京体育大学出版社，2018.

3.运动内容、形式与时间的不同

体能锻炼的身体活动内容、锻炼时间与形式都比较随意，没有严格规定，人们可以根据自身情况灵活调整；运动员的体能训练内容、时间和形式都要严格按计划与规定进行。在这一过程中，虽然也要根据具体情况调整，但不能主动随意改变规定和计划。

4.运动强度的不同

体能锻炼以中低等强度为主，没有特别要求，根据锻炼者的适应能力而安排；体能训练的强度比较大，高等强度训练与中等强度训练交替安排，从而有效提升运动员的运动素质。

体能锻炼与体能训练的区别见表1–2。

表1–2　体能锻炼和体能训练的区别①

	体能锻炼	体能训练
对象	普通大众	运动员
目的	增进健康	提高运动成绩
内容	比较随意	严格
形式	比较随意	严格
时间	比较随意	严格
强度	中低等强度	中高等强度

① 秦剑博，常宇伟.大学生体能健身理论与方法[M].北京：北京体育大学出版社，2018.

第二节　体能训练的重要意义

一、增强体质

体能训练是运动训练的重要组成部分，也是运动训练的基础。运动员首先要通过基本体能训练提高身体健康水平，改善基本身体素质，如此才能为参加艰苦复杂的专项体能训练、技能训练打好体能基础和健康基础，为进行系统训练提供根本保证。

运动员科学参与体能训练，能够促进身体形态的改善，促进身体机能水平的提升，使各个器官和系统的功能得到改善，尤其是能够促进运动功能的增强。而这些方面的改善，又有助于促进运动素质的增强，提升机体的适应能力，使运动员不管是身体形态、身体机能，还是运动素质与综合运动能力等，都符合专项要求，满足需要。运动员拥有良好的体质能够为进行专门的技战术训练提供良好的基础条件，为提升整体竞技能力提供物质保证。

二、提高运动素质

运动员良好的运动素质如力量、速度、柔韧、耐力、灵敏以及协调能力等是其在比赛场上充分发挥运动潜力、完成技战术任务以及创造优异成绩的基础与前提。运动员运动素质的发展水平虽然受先天遗传因素的影响，但很大程度上是由后天的训练所决定的。体能训练是运动员全面提升与综合发展运动素质的重要手段。

运动员通过系统而全面的体能训练，能够增强肌肉力量与肌肉耐力，提升爆发力，加快速度，改善耐力，提高身体柔韧性，并使灵敏性、协调性等综合素质也得到有效改善，最终促进一般身体素质和专项运动素质的全面发展，从而为在比赛中最大程度地发挥竞技实力、取得比赛胜利提供坚实的基础保障。

三、为掌握复杂技战术奠定基础

运动员在技战术训练和竞技体育比赛中完成每个技战术任务都要以良好的体能为基础。运动员对复杂技战术的学习、掌握及运用都要建立在体能良好的基础上。如果缺乏良好的体能素质，运动员在学习和掌握复杂技战术时就会感到吃力，在比赛中也无法将所学技战术最大限度地发挥出来，最终影响比赛成绩。

运动员从事体能训练的过程，也是机体各个器官系统功能协调发展的过程。身体各器官系统的全面发展是提升运动员专项竞技运动能力的基础，是运动员完成每个技术动作的基本保证。技战术越难，对运动员体能的要求越高，所以只有通过体能训练不断提高体能水平，发展专项体能素质，才能更好地掌握复杂的技战术。

运动员储备越多的基础动作技能，就越有助于对特定动作技能的学习与掌握，这是技能迁移原理的基本观点。运动员在体能训练过程中要完成大量的身体练习动作，重复各种身体动作是体能训练的基本形式。熟练掌握这些身体练习动作能够使运动员学习复杂的专项技术时轻松一些，有助于提高运动员对复杂技术的学习与掌握效率及练习效果，促进运动员专项技术能力的发展。

随着竞技体育的不断发展和比赛水平的不断提升，战术的高强度性、灵活多变性、复杂性等特征也越来越明显。而要完成复杂的战术行动，就需要具备良好的身体素质。通过专门的体能训练或将体能训练融入战术训练中，能够使运动员的体能素质达到完成高难度战术任务的专项要求。对体能训练的安排要结合战术任务和战术要求而定，不能盲目训练，只有“对症下药”，才能满足战术的特殊要求。

四、提升心理素质水平

体能训练在促进运动员身体健康水平、运动素质提升的同时，还能帮助运动员塑造健康优良的心理素质，并使运动员拥有满足专项需要的心理素质。体能训练的效果不是短时间就能看见的，需要运动员长期坚持不断地进行训练，而且训练负荷要不断增加。这个过程非常艰苦难耐，对运动员的意志品质、精神品质以及其他心理素质都提出了很高的要求，同时在艰苦的训练中也能塑造与培养运动员的这些优良心理与精神品质。

运动员参加训练和比赛都需要有良好的心理稳定性，而良好的体能是保持心理稳定性的基础与前提。运动员若体能良好，精力旺盛，疲劳不明显，便能以高度的自信心和充实感参与训练和完成比赛，以良好的心理稳定性坚持完成训练任务，坚持到比赛结束。反之，体力差的运动员心理波动大，情绪起伏不定，容易受外界环境的影响，这将对其顺利进行训练和坚持完成比赛造成严重影响。

五、满足训练和比赛需要

在体能训练中，应循序渐进地安排运动强度与练习量，促进运动员体能的不断发展，最终达到一定的高度，以满足技能训练和参加高水平比赛的需要，从而为在训练和比赛中充分发挥所掌握的技战术、提高运动表现力以及争取优异的比赛成绩、实现新的突破、创造新的纪录提供基础保障。

现代运动训练紧跟奥运会的脚步不断发展，从奥运会开始举办至今，运动训练的发展已经达到了很高的水平。在漫长的奥运史上，运动训练经历了多个发展阶段，主要可以概括为自然发展阶段、先进技术应用阶段、大运动量阶段以及多学科综合运用于训练中的科学训练阶段，而且运动训练也逐渐彰显出高强度、高速度、高密度和大运动量等特征。运动训练的新发展对运动员体能的要求很高，只有通过体能训练，奠定良好的体能基础，才能使运动员不断满足运动训练的发展需要，满足高水平比赛的专项需要，进而提高运动训练成果和比赛成绩。

六、延长运动寿命

运动员的竞技能力代表了其比赛能力，因此，要在比赛成绩上获得突破，就要拥有良好的竞技能力。竞技能力是一种综合能力，具体包括体能、技战术、心理及智能。其中，体能是基础，其他能力的发展都要以良好的体能为前提。

运动员的基础体能越扎实，专项体能素质越强，就越有利于使竞技能力达到最佳水平，并延长最佳竞技状态的保持时间，进而使运动寿命、辉煌期更加持久。

第三节　体能训练的基本原则

体能训练的基本原则是教练员组织体能训练以及运动员参与体能训练都必须遵守的基本准则。基本准则是从运动训练的客观规律出发而确定的，在指导体能训练组织实施过程以及保障良好训练效果方面具有重要意义。体能训练的基本原则具有相对稳定性，在一定的历史时期内能够普遍用来指导体能训练实践。但随着竞技体育和运动训练的不断发展，体能训练也会发生新的变化，因此要不断充实与完善体能训练的基本原则，以更加科学合理的基本准则去指导体能训练实践，保障体能训练效果。

本节重点分析体能训练的全面性原则、系统性原则、区别对待原则以及其他原则。

一、全面性原则

体能训练的全面性原则是指在针对性发展专项体能素质的同时，尽量全面和充分发展运动员的各项运动素质，尤其是在刚开始进行体能训练时，更应重视体能的全面发展。

（一）理论依据

全面性原则的主要依据有以下三点：

（1）人体各器官系统之间相互依赖，训练后人体产生的各种变化也相互依存。

（2）全面发展运动素质和全面提高身体机能能力是提高专项运动技术水平的前提和基础。

（3）各项运动素质的发展是相互影响、相互制约的。运动素质和运动技能的转移需要一定的基础条件，专项运动素质和技能的发展也需要建立在一般运动素质的基础上。只有全面安排体能训练才会创造出这种条件和可能，满足专项需要。

（二）贯彻要求

1.全面发展体能，突出重点

专项训练及比赛要求运动员拥有全面发展的基础体能。初级运动员应全面发展身体运动能力，奠定良好的体能基础，以利于专项训练的深化发展。体能的全面发展并不等于各种身体运动能力绝对平均地同步发展，要因项、因人、因时而异，要有所侧重。

2.结合技战术训练

体能训练应紧密结合技战术进行，使体能训练的效果与专项技战术的提升有机联系起来。体能训练内容和手段不仅要突出专项特征，在表现形式上尽量与专项技术动作相一致，而且要充分考虑身体练习的生物力学特征，以促进体能训练的效果通过专项技战术转化到比赛中。

3.评价训练效果

在体能训练过程中，应定期或不定期测验运动员的身体运动能力，检查体能训练效果，评定体能训练是否达到预期目标，找出体能训练的薄弱环节，从而为运动员体能训练的调整提供科学依据。

二、系统性原则

系统性训练是指持续地、循序渐进地组织体能训练过程。它一方面指出运动员只有长时间、持续地进行训练才有可能攀登竞技高峰；另一方面又强调必须循序渐进地，而不是突变式地增加体能训练负荷，只有这样才能取得理想的训练效果。

（一）理论依据

1.人们认识客观事物从已知到未知的规律性

各项运动项目的知识以及竞技能力各要素的发展都有各自的体系和内在联系，反映了各项运动项目由低到高、由易到难、由简到繁的发展规律，也反映了人们认识客观事物从已知到未知的规律性。所以，要依据运动项目自身体系及其内在联系，有序安排体能训练内容，实施训练方法和手段，使运动员逐步发展身体素质，提升体能水平。

2.人体生物适应的长期性

运动员竞技能力的各个组成部分均需经过长时间的训练才能得到明显改善和提高，体能同样如此。运动员体能的发展以改善身体形态和身体机能系统为基础，其训练负荷的生物适应必须通过机体各个器官、系统等的逐步改造才能实现。

（二）贯彻要求

1.保证训练的系统性

体能训练应不间断地进行，有机衔接各个阶段的训练。各阶段训练的组织要密切配合，训练内容的安排要有机衔接。运动员多年系统训练必须以健全的训练体制为保障。

2.保证训练的阶段性

体能训练的组织必须具有阶段性，逐步提高体能水平，这强调训练过程中训练课之间、小周期之间以至大周期之间的有机联系，要求按由易到难、由简到繁、由浅到深、由已知到未知的顺序与规律来安排各阶段的训练内容与方法。

三、区别对待原则

区别对待原则是指在体能训练中根据不同专项、不同运动员、不同训练任务及不同训练条件等具体情况，有针对性地组织安排相应的训练过程，确定训练内容、方法和手段和安排运动负荷的训练原则。整个体能训练过程必须依据运动员的特点来安排，减少训练的盲目性，使运动员的体能素质得到最大程度地发展。

（一）理论依据

1.运动员的个性化

个体化训练是现代运动训练的重要理念，教练员只有认真分析运动员的实际情况和个人特点（性别、年龄、竞技水平、生理和心理特点、身体状况、训练情绪等），精心制订最适合个体发展的训练计划，才能使运动员得到最佳发展。

2.运动专项需要的多样性

不同专项运动员竞技能力的发展受到不同因素的影响，也要达到不同的要求。因此在选择训练内容和手段时，必须满足不同专项的竞技需要，做到区别对待。

（二）贯彻要求

1.准确认识运动专项的基本特征

不同运动专项都有自己的竞技能力决定因素及不同的发展规律。只有正确认识所从事项目的专项竞技能力的决定因素，并结合专项技能发展的规律去组织体能训练，才可能使运动员取得成功。

2.掌握运动员的个体特征

不同运动员的思想、健康状况、训练水平以及学习、日常生活等情况均不相同，教练员应深入了解具体情况，注意掌握运动员身心发展过程中的各种特殊情形，因势利导，区别对待。

3.处理好个人和集体的关系

在集体训练时，不仅要面向全体训练对象提出统一要求，还必须针对个别特殊的运动员提出特殊要求，对特殊训练对象进行个性化的专门指导。这样既能保证全队的训练任务顺利完成，又能兼顾个别特殊队员的实际情况，照顾个别队员的训练需要，满足运动员发展的共性需求和个性需求，从而使每个运动员都能取得进步。

四、其他原则

（一）变化性原则

在体能训练中，恰到好处的训练变化是引起运动员良好训练适应的一个重要因素。当运动员进入新一轮训练，准备完成新的训练任务时，刚开始训练效果会很明显，体能会得到快速提升。但训练一段时间后，如果训练计划和负荷类型依然保持原状，那么体能提升的速度就会减慢。有时单调式的过度训练就是因为训练中缺乏变化而导致的。如果训练刺激长期不变，运动员体能训练热情就会慢慢减退，训练效果也不会很明显，运动成绩甚至会出现下滑的迹象。有研究指出，运动员体能训练效果不佳与单一重复的训练计划直接相关。

体能训练的单调性可以采取周期训练的方式来克服，周期训练也能够使运动员的生理适应得到本质上的增强。一直采用单一重复的训练计划和不断变化训练计划都是不可取的，周期训练是一种折中手段。周期训练中，训练变化必不可少，对训练负荷和训练内容的适度调整与改变能够使运动员在体能训练中达到最佳训练适应状态。如果一直采用一种训练计划，或训练变化不合时宜，那么运动员很可能因为神经系统疲劳，无法正常接受刺激并产生预期的生理适应，从而导致几乎不可能达到最佳运动能力。

体能训练中，训练变化的形式是多种多样的。如在小周期的体能训练中，训练变化主要是通过对训练量、训练强度、训练形式以及训练密度等因素的调整与改变而实现的。此外，也有研究指出，要引起训练变化，也可以将新的训练任务引入训练计划中，或者对特定练习方式进行周期性组合。这种训练变化方式能够促进运动员训练适应的增强，而如果在执行新的训练任务时发现运动员的训练适应并没有达到预期，也可以从训练计划中移除该任务，再用全新的、能够引起运动员训练兴趣和良好训练适应的练习方式来补充与替代。

例如，排球运动员在体能训练中，为了促进腿部力量和爆发力的增强，需在准备阶段练习后蹲，或者为了使训练刺激发生变化，采用周期性的1/4

后蹲，从而使相应的肌肉群得到良好的发展。而在比赛训练阶段，力量训练就要以爆发力训练为主了，练习形式应以快蹲或快跳为主。

在体能训练的小周期内或两次小周期训练之间也需要遵循变化性训练原则。例如，在小周期训练阶段，有些天每天有多节训练课，其他天每天只有一节体能训练课，一个训练日有多节训练课所引起的机体生理适应必然比一个训练日只有一节训练课引起的机体生理适应更大、更强，但是为了促进运动员在训练后更快恢复，并在之后的训练中有更好的运动表现，则需要对训练日的训练密度进行调整，主要是降低一个训练日多节训练课情况下的训练密度。

训练强度的不断调整与变化也是贯彻变化原则的一种可取方式，在小周期的训练中，练习强度的灵活变化要考虑生理刺激强度以及训练后的恢复时间，以促进运动员生理适应能力的提升。大运动量和小运动量的交替变化有助于促进运动员力量、爆发力以及耐力的提升。此外，交替变化训练强度与训练密度也是一种有效的训练变化策略。例如，当一个训练日只有一次训练课时，上午和下午分别进行高强度训练和低强度训练，次日，为促进机体恢复，训练课数量可适当减少，第三天，可以再次增加训练刺激，即训练课可安排得多一些。

（二）建立与发展训练模式原则

面向运动员的体能训练有自身的模式，建立体能训练模式与个性化训练、专项化训练密不可分。在体能训练模式的构建中，要以运动生理学为基础学科指导，要对影响运动员体能发展和训练成绩的诸多因素予以考虑，从而循序渐进地实施训练计划。同时，也要及时评价计划实施效果，修改与完善计划，最终促进运动员体能的全面发展。

运动员体能训练模式的建立与发展是一个长期的过程，在不断调整与完善训练模式的过程中，要始终保证训练模式与运动员的体能发展需求是一致的。体能训练模式的发展是一个长期的系统工程，既要以原有训练模式为基础，又要以对运动员的评估结果为依据来调整与改进原有训练模式。虽然过程比较复杂，但也是必须努力完成的工作。不断完善体能训练模式具有重要意义，训练模式越先进、完善，训练程序越科学、有效，运动员的体能发展就越好。

随着体能训练理论的不断完善和运动员评估的不断发展，改进体能训练模式也显得越来越重要，建立与完善体能训练模式的理论程序与方案如图1-1所示。

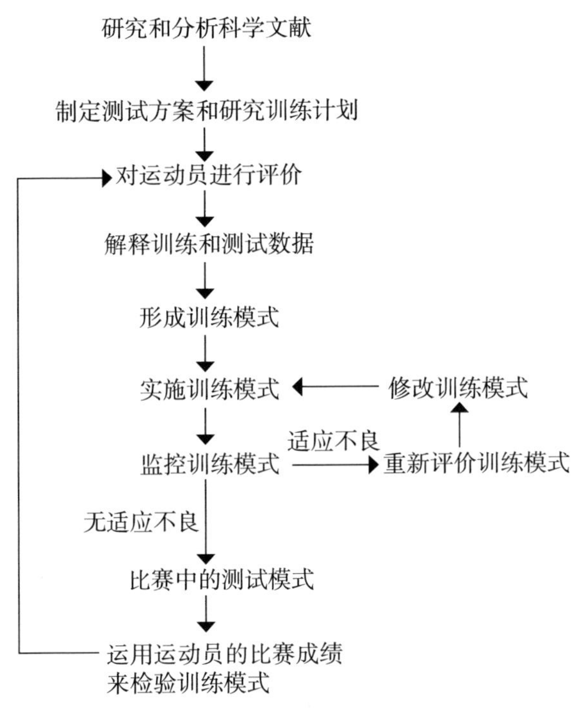

图1-1　训练模式的建立①

在体能训练模式的实施过程中，要对运动员的体能变化情况、运动表现、技战术能力进行监控，及时察觉运动员的不良反应，最终形成一份真实全面的监测报告。报告的主要内容包括运动员生理特征的定期评价结果、运

①（美）图德·邦帕，（美）格雷戈里·哈夫著；李少丹，李艳翎，译.周期运动训练理论与方法[M].北京：北京体育大学出版社，2011.

动员训练日记资料、运动员训练中的心态变化、训练过程中的营养状况以及引起的技术水平的变化。如果教练员质疑训练模式的有效性，就要重新进行评估并修改模式，确保采用该训练模式能够使运动员的体能发展达到理想水平，最终使运动员的运动成绩得到有效提升。

体能训练模式是否有效，要通过比赛结果来检验，如果运动员在比赛中依托强大的体能素质取得了良好的成绩，那么训练模式的有效性就得到了验证。在比赛结束后，过渡训练阶段需要重新评估运动员的体能，并进一步改进训练模式，开始新阶段的体能训练。重新评估需要综合检测之前的训练成果，确定训练效果是否与训练目标一致，以及是否达到了预期的训练目标，运动成绩是否因实施了训练模式而有所提升等。此外，还需要评估运动员对训练和比赛压力的应对能力以及应对程度，并决定是否将应对能力的培养及改善纳入体能训练模式与计划中，重新评估后构建的训练模式要在新阶段的训练中投入使用。

第四节　体能训练的理论基础

一、体能训练的生理学基础

（一）工作适应过程

工作适应过程是指从运动开始到发挥人体最高工作能力的过程。

1.工作适应过程的生理机制

在体能训练中，人体机能能力和工作效率不可能一开始就达到最高水平，而是在身体活动一段时间后才逐步提高到最佳状态。如果违背这个规律，就会有损于身体健康。

（1）反射活动

人体参与的一切活动都是反射活动。从人体解剖生理特点来看，完成任何一项反射活动都要经过反射弧，这需要一定时间。完成的动作或活动越复杂，有关中枢之间传递整合和处理信息所需时间就越长。这种反射活动的生理惰性是固有的，但通过科学训练可以提高反射机能，缩短反射过程的时间。

（2）内脏器官的生理惰性与调节

肌肉等运动器官与内脏器官机能的惰性差别是产生工作适应过程的一个重要因素。运动器官受交感神经控制，传导速度快，反应迅速，惰性时间短；内脏器官受植物性神经控制，传导兴奋时转换中枢多，所需时间长。在运动中，内脏器官向运动器官提供营养物质的速度远远不能满足机体运动需要，这也导致机体不可能一开始就发挥最高水平。所以必须经过工作适应过程，长期坚持训练，提高植物性神经的反应速度，尽快克服生理惰性。

运动器官由神经调节，调节速度和频率很快；内脏器官通过神经–体液调节，调节速度、频率较慢。内脏大多数是通过调动内分泌腺分泌激素来促进活动，所以调节机能的惰性差别更明显。

2.工作适应过程的影响因素

肌肉工作的性质和个人特点决定了工作适应过程时间的长短。

（1）肌肉活动越复杂，工作适应过程的时间越长。

（2）身体运动水平差的人工作适应过程的时间长。

（3）随着运动时间的延长和运动水平的提高，工作适应过程会慢慢缩短。

（4）参加训练前做好充分的准备活动，有利于缩短工作适应过程。

（二）稳定状态

身体活动的工作适应过程结束时，克服了各种生理惰性，各器官系统的机能在一段时间内稳定在一定水平，进入稳定状态。

稳定状态有以下两种情况。

1.真稳定状态

真稳定状态是指运动过程中每分钟需氧量小于或等于每分钟最大吸氧量。

真稳定状态的特点是人体每分钟吸氧量可以满足运动需氧量，使身体进行有氧代谢供能。真稳定状态的时间越长，运动成绩越好。

2.假稳定状态

运动过程中，每分钟需氧量大于每分钟最大吸氧量，出现负氧债，并且稳定在一定时间内进行无氧代谢运动称为假稳定状态。

假稳定状态的特点是每分钟吸氧量达到极限水平，但依然小于需氧量；运动吃力，运动持续时间不长。从事无氧代谢的“假稳定状态”身体活动，可以有效提高身体机能水平。

二、体能训练的生物化学基础

（一）运动中的能量供应

人体体能系统的核心在于能量供应和代谢能力，人体机能水平和运动能力是由能量代谢水平所决定的。生物学研究指出，磷酸原供能系统、糖酵解供能系统和有氧氧化供能系统是人体能量代谢的三大系统。人体在运动状态下，由三大能量代谢系统对能源物质进行分解来完成能量供应。在不同运动中人体三大供能系统参与供能的比例有区别，人体运动能力的强弱主要就是由三大系统供能水平的高低所决定的。

在从事不同运动项目的过程中，某个供能系统提供机体所需的大部分能量，是主要供能系统，其他供能系统也或多或少发挥供能作用。完全只由一个供能系统供能是不存在的，只有两个或三个供能系统都参与供能，才能满足机体所需能量。在不同运动项目中哪个供能系统起主要作用，是由供能系统的特点决定的，见表1–3。

表1–3　三大供能系统的供能特点[①]

供能系统	能源物质	输出功率	供能时间
磷酸原供能系统	三磷酸腺苷、磷酸肌酸	最大	最大做功6～8秒
糖酵解供能系统	肌糖原、血糖	约为磷酸原供能系统的50%	30～60秒达到最大，可维持2～3分钟
有氧氧化供能系统	肌糖原、血糖	约为糖酵解系统的50%	1～2小时
	脂肪	约为糖酵解系统的25%	理论上无限

对上表中人体三大供能系统的特点有所了解，便于我们对不同运动项目的供能特点有正确的把握（表1–4），并清楚在某项运动素质的发展中，主要由哪些供能系统参与供能。

表1–4　不同运动项目的能量供应特点[②]

运动项目	三大能量供应系统供能比例（%）		
	磷酸原系统、糖酵解系统	糖酵解系统和有氧氧化系统	有氧氧化系统
棒球	80	20	
篮球	85	15	
击剑	90	10	
草地曲棍球	60	20	20
足球	90	I0	
高尔夫球	95	5	

① 龙春生.体能训练法[M].沈阳：辽宁大学出版社，2009.

② 冯炜权.运动训练生物化学[M].北京：北京体育大学出版社，1998.

续表

运动项目		三大能量供应系统供能比例（%）		
		磷酸原系统、糖酵解系统	糖酵解系统和有氧氧化系统	有氧氧化系统
体操		90	10	
冰球	前锋、后卫	80	20	
	守门员	95	5	
长曲棍球	守门员、后卫、前卫	80	20	
	中锋	60	20	20
娱乐性运动			5	95
划船		20	30	50
滑雪	障碍滑雪、跳、下坡	80	20	
	越野滑雪		5	95
英式足球	守门员、边锋、前锋	80	20	
	前卫、巡边员	60	20	20
垒球		80	20	
游泳和潜水	50米自由泳、潜水	98	2	
	100米（各种姿势）	80	15	5
	200米（各种姿势）	30	65	5
	400米自由泳	20	55	25
	1 500米自由泳	10	20	70
网球		70	20	10
田径	田赛项目	90	10	
	100米	98	2	
	400米	80	15	5
	800米	30	65	5
	1 500米	20	55	25
	5 000米	10	20	70
	10 000米	5	15	80
	马拉松		5	95
排球		90	10	
摔跤		90	10	

例如，在以提高力量和速度为主要目的的跑、跳等练习中，磷酸原供能系统是主要供能系统，参与部分供能的系统是糖酵解系统，所以提高这两大系统的供能能力有助于提高跑和跳的成绩，并有效发展力量和速度素质。

再如，在以发展健康体能为主要目的的有氧运动中，有氧氧化系统是主要供能系统，发展这方面的供能能力有助于提升健康体能水平，增进健康，促进身体抵抗力和适应力的提升。

还有，能够发展综合运动素质的游泳运动以糖酵解系统供能为主，提高人体的糖酵解供能能力有助于提高游泳成绩，全面发展体能。

（二）速度训练的生物化学基础

从运动生物化学的视角来看，人体磷酸原系统和糖酵解系统的供能能力决定了人的速度水平，所以要促进速度素质的发展，就要对这两大供能系统进行优化，使它们在运动中产生良好适应，促进其供能能力的增强和供能水平的提升。

通过运动练习促进磷酸原供能能力提升时，每个练习要用最大运动强度去完成，持续时间最多为10秒，间歇30秒左右再重复下一次练习。重复10次后，休息5分钟左右。

在提升糖酵解系统供能能力的运动练习中，每次练习必须全力完成，时间为1分钟，然后休息4分钟再重复下一次练习。每组5次，组间间歇时间稍长。

（三）耐力训练的生物化学基础

有氧氧化系统供能水平高的人耐力往往比较好，通过强度适宜、时间较长的身体练习可以提升耐力水平。运动方式主要包括长跑、骑自行车、长距离游泳等，每次至少要保证30分钟的持续运动时间。运动员也可以通过乳酸阈训练法提升耐力。

第二章　体能测试与训练计划设计

体能训练是培养健康体能、发展竞技体能的重要手段，不管是普通锻炼者，还是专业运动员，都必须通过长期科学的体能训练来增强体能。体能训练的实施是一项复杂的工程，要理清其中的复杂关系，有序开展各项工作，必须在正式训练之前制订切实可行的训练计划，而训练对象的初始体能是制订训练计划的重要依据。要了解训练对象的初始体能状况，就必须事先做好体能测评工作。体能测试与体能训练计划设计密不可分。本章主要对此展开研究，首先分析了体能测试的基础理论与操作方法，其次分别探讨了体能健身训练计划与运动员体能训练计划的设计，最后又对运动员在环境因素影响下的体能训练计划进行了分析。

第一节　体能测试理论与操作

一、体能测试的基本理论

（一）体能测试指标的选择

选择体能测试指标要满足以下要求。

1.科学性

体能测试指标在正式使用前要反复检验，使其能够充分反映事物的属性。建立体能测试指标体系的任务非常严肃，要确保各项指标的科学性，这将直接影响测试结果的准确性。论证一项指标是一个复杂的过程，要经过指标设计、对照效标、修改设计、再次验证、确定指标等多个阶段。在这个过程中，一定要深入分析指标，从多个层面论证测试指标与测试目的的关系，最终选出科学准确的指标。

2.实用性

体能测试需要具备良好的资源条件，如财力资源、人力资源和物力资源，此外还要有良好的技术条件。测试指标不同，对这些条件有不同的要求。如果不具备测试条件，那么就会影响测试工作的正常进行。选择测试指标时，要认真分析需要具备的条件，准确预算，要根据现有条件选择可操作性强的指标，从而顺利完成测试。

3.独立性（单项指标）

尽可能选择可以反映事物真实属性的指标，选择最具代表性的指标，尽量避开重复性指标。例如，在速度测试中，就可以选择10秒快速摆臂、30米跑、10秒原地高抬腿等速度类指标。如果只测试肌肉运动速度，那么以快速摆臂、原地高抬腿这两项单纯性指标为主，如果不仅测试肌肉运动速度，还测试肌肉力量，则主要选30米跑。

4.完整性（指标体系）

体能测试指标体系是一组测试指标的集合，能够从多个角度真实反映测试对象的体能状况。影响体能发展的因素很多，建立完整的体能测试指标体系要尽可能体现体能发展的本质规律。

（二）体能测试内容与方法的安排

依据一般和专项体能要素选择体能测试内容和方法。在典型的体能测试中，主要包括上下肢力量测试、爆发力测试、心血管耐力测试、身体成分和柔韧性测试、速度和灵敏测试等。

选择测试内容与方法，要考虑测试对象的实际情况。以运动员体能测试为例，主要依据运动员从事运动项目的竞技需要选择测试内容。当确定力量、速度、爆发力等评价内容后，要接着确定测试的信度、效度、专项性，同时还要开展评价工作。不合理的测试内容与方法会阻碍测试作用的发挥和测试目的的实现。

二、体能测试的操作方法

（一）力量测试

综合评价受试者的肌肉力量时，需将能够反映其不同部位肌肉力量的测试指标整合起来进行综合测试。能够综合反映受试者的上身肌肉力量的典型动作有六种，分别是直腿仰卧起坐（测试腰、腹肌力量）、屈腿仰卧起坐（测试腹肌力量）、仰卧举腿（测试腰肌与下腹肌力量）、俯卧背伸（测试上背肌力量）、俯卧举腿（测试下背肌力量）以及立位体前屈（测试背肌与腓肠肌的伸展性)。在评价中，只要其中一个动作不合格，最终成绩就不合格。

(二)速度测试

1.位移速度测量

测量方法主要有短时间快跑，如4秒跑、6秒跑；短距离快跑，如50米跑、100米跑等。

2.动作速度测量

采用两手快速敲击的方法进行测试。

(1)测试工具

金属敲击棒、动作频率计数器。

(2)测试方法

①调节金属触板高度。

②受试者两手各拿一根金属棒，食指按在金属棒前端，防止棒杆弹动(图2-1)。

③受试者听口令两手快速同时敲击或交替敲击。

④到规定时间后记录计数器上的数值。

测3次，取最好成绩。

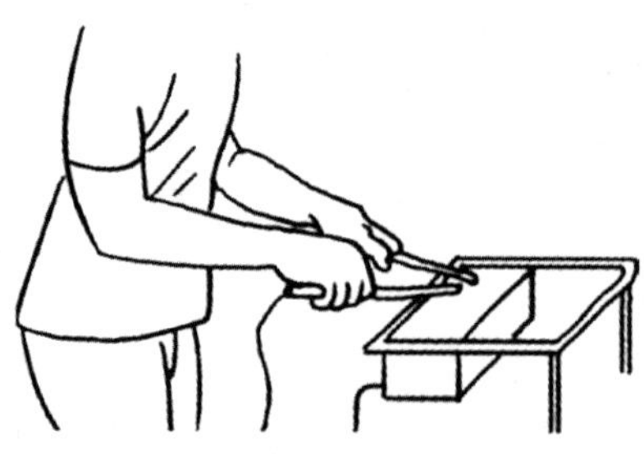

图2-1　两手快速敲击[①]

① 徐玉明.全国高等学校体育专业教材体适能评定与发展[M].北京：北京体育大学出版社，2013.

（三）耐力测试

1.定量计时测试

（1）测试一般耐力的定量计时测试方法有800米跑、1 000米跑、1 500米跑以及3 000米跑等。

（2）测试速度耐力时，以400米跑为主。

2.定时计量测试

（1）测试一般耐力的定时计量测试方法有6分钟跑、9分钟跑、12分钟跑以及15分钟跑等。

（2）测试力量耐力时，采用1分钟仰卧起坐这一指标。

（四）柔韧性测试

单一的柔韧测试指标和方法难以充分反映整个身体的柔韧性。因此，有关专家运用关节活动范围和幅度对身体各部位的柔韧性进行量化，量化单位为度（°）。采用仪器进行直接测试是评价受试者柔韧性的主要方式之一，直接测量关节活动范围和幅度的主要仪器有传统量角器、液体量角器、重力量角器和电子量角器等。利用这些工具进行柔韧测试，能够对受试者颈部、肩部、躯干、髋部及四肢的柔韧性进行评价。

采用直接测试方法时，要选择合适的量角器，严格规范测量操作过程，并要了解身体解剖学关节的活动范围。身体关节活动幅度的正常值见表2–1。测量方法不同，得出的关节活动幅度值也不同，要参考正常值来评价受试者的柔韧性。

表2-1 身体关节活动范围①

躯干关节正常活动幅度	颈部	屈	0° ~ 60°/70°
		伸	0° ~ 35°/45°
		侧屈	0° ~ 45°/55°
		旋转	0° ~ 80°/90°
	脊柱	屈	0° ~ 80°/90°
		伸	0° ~ 30°/35°
		侧屈	0° ~ 35°/45°
		体转	0° ~ 24°/30°
上肢关节正常活动幅度	肩	屈	0° ~ 160°/180°
		伸	0° ~ 35°/45°
		内收	0° ~ 170°/180°
		外展	0° ~ 80°/90°
		内旋	0° ~ 80°/90°
		外旋	0° ~ 80°/90°
	肘	屈	0° ~ 80°/90°
		伸	0° ~ 5°/15°
	前臂	内旋	0° ~ 80°/90°
		外旋	0° ~ 80°/90°
	腕	屈	0° ~ 80°/90°
		伸	0° ~ 60°/70°
		内收	0° ~ 35°/45°（尺侧）
		外展	0° ~ 15°/20°（桡侧）

① 张全成，陆雯.高级体适能与运动处方[M].北京：国防工业出版社，2013.

续表

下肢关节正常活动幅度	髋	屈	0° ~ 120°/125°
		伸	0° ~ 5°/10°
		内收	0° ~ 5°/10°
		外展	0° ~ 35°/45°
		内旋	0° ~ 35°/45°
		外旋	0° ~ 35°/45°
	膝	屈	0° ~ 130°/140°
		伸	0° ~ 10°
	踝	屈	0° ~ 35°/45°
		伸	0° ~ 15°/20°
		内翻	0° ~ 35°/45°
		外翻	0° ~ 15°/20°

（五）灵敏性测试

以六边形跳测试为例。

1.测试工具

卷尺、秒表、胶带。

2.测试方法

在地板上用胶带粘一个边长60厘米、夹角120°的正六边形（图2–2）。受试者做好热身准备，然后站在六边形正中心，听口令从六边形中心向边线外跳，再跳回中心，顺时针跳完六条边，连续3次，最后回到起点。测2次，取最好成绩，时间精确到0.01秒。

3.评价

用时越短，灵敏性越好。

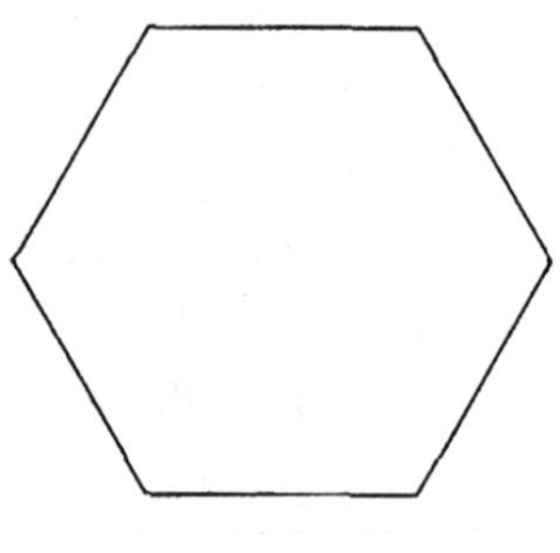

图2-2　正六边形

第二节　体能健身训练计划设计

一、体能健身训练计划设计的依据

针对一般的健身爱好者制订与设计体能健身训练计划，必须以体育锻炼的科学原理、人体生长发育规律、体能发展规律等为依据，而且必须将实现训练目标的需要与影响训练的主客观条件有机结合起来，从而保证体能健身训练计划的科学性、可操作性和有效性。

具体而言，在体能健身训练计划的设计中要综合参考以下几方面的重要依据。

（一）体能健身训练的目标

设计体能健身训练计划的最终目的是实现预期的体能健身训练目标，如增强运动能力，改善体质，提高健康水平等。这样的理想目标状态是从初始状态逐渐转移实现的，而转移的手段则是进行科学的体能健身训练。制订最佳训练计划能够使体能状态的转移更加顺畅，缩短从初始状态向目标状态转移的过程，及早实现预期目标。

（二）训练对象的体能起始状态

体能健身训练计划要与训练对象的实际情况相符，因此必须基于训练对象的体能起始状态而确定训练目标，设计训练计划，将此作为整个健身训练的起点。结合训练对象的现实状态而设计的体能健身训练计划更容易被训练对象接受，能够使训练对象在实施计划的过程中充分发挥主观能动性，积极配合各项计划任务的完成，能够提升训练对象的体能水平。

（三）体能训练规律

要保证体能健身训练的科学性，就必须在设计健身训练计划时遵循体能锻炼的相关规律，如身体素质的发展规律，体能发展过程的多变性与可控性，等等。遵循客观规律设计的体能健身训练计划更具有科学性，也更加连贯、严谨。

（四）影响体能训练的客观条件

体能健身训练活动能否顺利开展，与运动场地、器材设备、营养、医疗等客观条件有着必然的关系，因此在设计体能健身训练计划时必须考虑现有训练条件，依据实际情况去设计，同时也要积极改善客观条件，为顺利开展训练工作提供良好的物质支持与医务保障。

二、体能健身训练计划设计的要求

体能健身训练计划要满足以下要求。

（一）合理性要求

开展体能健身训练工作，要以科学合理的体能健身训练计划为参考和标准，训练过程是否系统、合理、有效，直接受训练计划合理性的影响。因此，必须在科学认识与正确把握体能训练客观规律的基础上设计科学合理的体能健身训练计划，并从训练对象的实际情况出发安排训练过程，通过合理训练有效解决训练对象的体质健康问题。

（二）简明实用性要求

体能健身训练计划的适用对象是以改善体能、增强体质为目的的体育健身爱好者以及其他有增强体质需求的人，所以计划不宜太复杂，要以简练的文字说明训练的目的、内容、方法、组织形式等重要信息，必要时配合图片说明。总之，要使健身指导者和训练对象看得清晰、看得懂，便于实施训练工作，也便于用量化标准和可操作性强的方法去检查与评定体能健身训练效果。

（三）相对稳定性与应变性要求

基于训练对象体能初始状态而设计的体能健身训练计划在一定时期内具有相对的稳定性，在这个时期内训练对象按照训练计划进行科学合理的体能训练，能够改善体能状态，提升适应能力。当训练对象的适应性显著增强，体能状态明显改善，以及训练的客观条件发生变化时，就要着手从现实的主客观条件出发而进一步修订计划。

三、体能健身训练计划设计的程序

对体能健身训练计划进行设计是一项涉及诸多因素的复杂工程，系统的训练计划包括诸多环节与子程序，不同环节和各个子程序之间有着必然的联系，对整个计划的运作有重要影响。因此一定要理清计划中各要素的关系，要按照一定的程序去设计系统的体能健身训练计划，保证体能健身训练计划的科学性和系统性，并尽早将其投入使用，在实践中检验计划是否可行，是否有效。

体能健身训练计划的设计程序如图2–3所示。

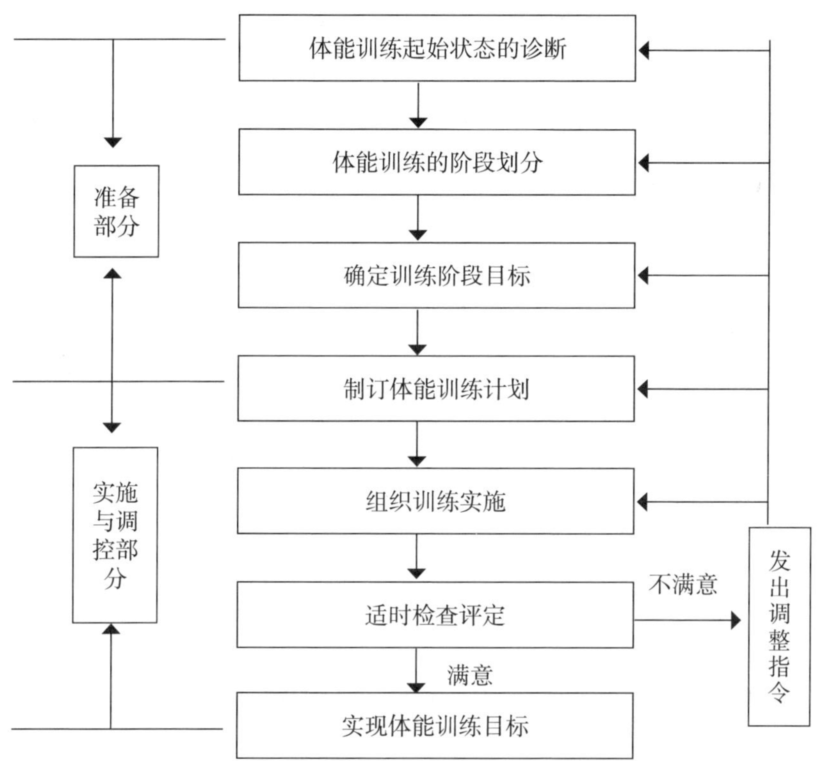

图2–3　体能健身训练计划的设计程序[①]

① 刘建国，崔冬雪，范秦海.学生体能锻炼教程[M].石家庄：河北教育出版社，2010.

四、体能健身训练计划设计的注意事项

（一）注重爆发力训练

力量是体能的重要组成部分，是五大身体素质之一，也是运动素质的基础。在体能健身训练计划的设计中，力量训练内容与方法手段的设计与安排尤为重要。而且要注意将爆发力的训练内容与方法融入力量训练计划体系中，改变人们认为只有运动员才需要爆发力的传统思想。

爆发力不只是专业运动员需要，普通锻炼者也需要，只是水平要求不同。爆发力是人们参加很多体育运动都需要的基本体能，因此在体能健身训练中应该注重爆发力训练，如举重、高翻等。

（二）注重核心稳定力量训练

在体能健身训练中，核心稳定力量的训练也很重要。核心稳定力量对个体而言有着重要的作用，尤其能够帮助人们在运动中很好地完成技术动作，充分发挥技术能力，并能预防运动损伤。

（三）核心训练和辅助训练的定位要准确

在体能健身训练中，哑铃和杠铃是最常见的健身工具。现在有些体能训练指导员将其他国家流行的一些花式训练手段作为主要训练手段，而将借助哑铃和杠铃进行训练的手段作为辅助训练手段，这是没有准确定位核心训练与辅助训练的表现。

一般情况下，在体能健身训练中，采用辅助训练手段的训练量在12%～25%之间，采用核心训练手段的训练量占绝对的比例。虽然组合式器械的训练手段花样多，但训练效果未必能满足训练者发展自身综合体能的要求。为了提升人们体能锻炼的积极性，对训练形式与手段进行创新固然重要，但不能因此而忽视实际效果，在训练中依然要以核心训练手段为主，并

把握核心训练内容。

（四）练习动作标准

参与体能健身训练时，态度必须严肃认真，发挥主观能动性，自觉积极地训练，深入领会重要动作。应通过长期系统的、多次重复的训练促进正确动作记忆的形成，并达到标准化和自动化水平。这样既能保证体能健身训练的效果，又能预防运动损伤。体能健身训练的指导员应对训练对象的练习动作质量提出严格要求，端正训练者的训练态度，切实提升其健康体能水平，增强体质。

五、体能健身训练计划设计示例

（一）增肌健身训练计划

增肌健身训练计划包括入门和进阶两个阶段，计划安排见表2–2。

表2–2　增肌健身训练计划

<table>
<tr><td></td><td colspan="2">入门阶段</td><td colspan="2">进阶阶段</td></tr>
<tr><td>周期</td><td colspan="2">12周</td><td colspan="2">8周</td></tr>
<tr><td>间歇</td><td colspan="2">组间间歇40秒
不同动作间间歇2分钟</td><td colspan="2">组间间歇≤90秒
不同动作间间歇2分钟</td></tr>
<tr><td>要求</td><td colspan="2">一次训练课≤60分钟</td><td colspan="2">一次训练课≤45分钟</td></tr>
<tr><td>一周训练示例</td><td>练习部位</td><td>练习手段</td><td>练习部位</td><td>练习手段</td></tr>
</table>

续表

	入门阶段		进阶阶段	
周一	胸部	以下每个练习均为12个×4组： （1）上斜杠铃卧推 （2）下斜杠铃卧推 （3）平板杠铃卧推 （4）坐姿器械推胸 （5）坐姿器械夹胸	腿部	除练习（1）是10个×10组，其余均为10个×3组： （1）全蹲 （2）臀屈伸 （3）臀桥 （4）内收 （5）外展
周二	背部	以下每个练习均为12个×4组： （1）坐姿划船 （2）杠铃划船 （3）器械引体向上 （4）对握器械下拉 （5）宽握器械下拉	胸部	以下每个练习均为10个×3组： （1）上斜杠铃卧推 （2）下斜杠铃卧推 （3）平板杠铃卧推 （4）平板飞鸟 （5）双杠臂屈伸
周三	休息（辅助练习）		休息（辅助练习）	
周四	肩部	以下每个练习均为12个×4组： （1）俯身斜板哑铃侧平举 （2）坐姿杠铃颈后推举 （3）坐姿杠铃颈前推举 （4）杠铃耸肩 （5）哑铃侧平举	背部	除练习（1）连续做50个外，其余均为10个×3组： （1）引体向上 （2）T杠划船 （3）杠铃划船 （4）对握器械下拉 （5）直臂下拉
周五	手臂	以下每个练习均为12个×4组： （1）杠铃窄握弯举 （2）杠铃宽握弯举 （3）锤式弯举 （4）牧师椅杠铃弯举 （5）站姿臂屈伸 （6）俯立臂屈伸 （7）跪姿臂屈伸 （8）颈后臂屈伸	肩部	以下每个练习均为10个×3组： （1）杠铃坐姿颈前推举 （2）俯身侧平举 （3）杠铃前平举 （4）杠铃耸肩 （5）哑铃侧平举

续表

	入门阶段		进阶阶段	
周六	腿部	以下每个练习均为12个×4组： （1）杠铃深蹲 （2）坐姿提踵 （3）腿弯举 （4）腿屈伸	手臂	以下每个练习均为10个×3组： （1）哑铃单臂弯举 （2）杠铃弯举 （3）锤式弯举 （4）器械弯举 （5）颈后臂屈伸 （6）站姿绳索臂屈伸 （7）站姿臂屈伸 （8）双杠臂屈伸
周日	休息（辅助练习）		休息（辅助练习）	
辅助练习	每日卷腹200次+拉伸练习		（1）每日卷腹200个+握力300次+拉伸练习 （2）周三，周六：长跑练习（3 000米）	

（二）心肺耐力健身训练计划

心肺耐力健身训练同样可以分入门和进阶两个阶段来安排，计划见表2–3。

表2–3　心肺耐力健身训练计划

	入门阶段		进阶阶段	
周期	4周		4周	
间歇	组间或次间5分钟		力量练习：组间2分钟，不同动作间2分钟 其他练习：组间或次间10分钟	
要求	—		在完成入门练习后进行该阶段练习	
一周训练示例	练习形式	练习手段	练习形式	练习手段

续表

	入门阶段		进阶阶段	
周一	陆上练习	一次5 000米沙滩跑	陆上练习	两次5 000米沙滩跑
周二	水中练习	两次1 500米游泳	水中练习	一次3 000米游泳
周三	休息（辅助练习）		力量练习	以下各项练习中，强度均为70%，每个练习做到力竭为止： （1）臀屈伸 （2）站姿屈髋 （3）腿弯举 （4）屈腿
周四	坡度练习	一次上坡跑2 000米	休息（辅助练习）	
周五	水中练习	两次1 500米游泳	陆上练习	两次5 000米跑
周六	休息（辅助练习）		水中练习	一次3 000米游泳
周日	坡度练习	一次下坡跑1 500米	休息日（辅助练习）	
辅助练习	每日卷腹100个+慢跑1 000米		每日卷腹100个+慢跑1 000米	

（三）柔韧性健身训练计划

健康体能训练中，身体柔韧性训练计划示例见表2–4。

表2–4　身体柔韧性训练计划

周期	8 周	
间歇	组间和动作间间歇均≤1分钟	
要求	与基础力量、平衡力以及协调性训练相结合	
一周训练计划示例	练习内容	练习手段

续表

周期	8 周	
周一	髋部柔韧性	以下练习每个10次，每次20秒： （1）竖角式练习 （2）坐角式练习 （3）直角式练习 （4）三角式练习 （5）髋部绕环练习
周二	上肢柔韧性	以下练习每个10次，每次20秒： （1）肩部柔韧性练习 （2）祈祷式练习 （3）反向祈祷式练习
周三	综合柔韧性	瑜伽拜日式练习，20次，无间歇
周四	平衡力练习	以下练习每个10次，每次坚持到自己的极限时间： （1）俯平衡练习 （2）仰平衡练习 （3）侧平衡练习
周五	髋部柔韧性	以下练习每个10次，每次20秒： （1）竖角式练习 （2）坐角式练习 （3）直角式练习 （4）三角式练习 （5）坐姿屈髋练习
周六	力量练习	（1）前蹲：12×4组 （2）高抓：以50%、60%、70%、80%的强度各做2次，最后以90%强度做1次 （3）支撑深蹲：以50%、60%、70%、80%的强度各做2次，最后以90%强度做1次
周日	综合柔韧性	瑜伽拜日式练习，20次，无间歇
辅助练习	每日慢跑1 000米+卷腹100个+基础力量训练（周六除外）	

（四）平衡力健身训练计划

健康体能训练中，平衡力健身训练计划见表2-5。

表2-5 平衡力健身训练计划

周期	8周	
间歇	组间和动作间间歇均≤1分钟	
要求	与基础力量、柔韧性以及协调性训练相结合	
一周训练计划示例	练习内容	练习手段
周一	平衡力练习	以下练习各20次： （1）慢速独木桥练习 （2）俯平衡练习（保持最长时间） （3）“金鸡独立”（保持最长时间）
周二	力量练习	（1）静力深蹲负重：70%强度，每次持续30秒，重复4次 （2）箭步蹲：以50%、60%、70%的强度各做2次，以80%、90%以及极限强度各做1次 （3）支撑深蹲：以50%、60%、70%的强度各做2次，以80%、90%以及极限强度各做1次
周三	平衡力练习	同周一平衡力练习
周四	力量练习	同周二力量练习
周五	柔韧性练习	以下练习每个10次，每次20秒： （1）坐角式练习 （2）三角式练习 （3）直角式练习 （4）肩部柔韧练习 （5）坐姿屈髋练习
周六	力量练习	同周二力量练习
周日	休息（辅助练习）	
辅助练习	每日慢跑1 000米+卷腹100个+基础柔韧训练（周五除外）	

（五）协调性健身训练计划

协调性健身训练计划见表2-6。

表2-6　协调性健身训练计划

周期	8周	
间歇	组间和动作间间歇均≤1分钟	
要求	与基础力量、柔韧性以及平衡力训练相结合	
一周训练计划示例	练习内容	练习手段
周一	力量练习	以下练习均以50%强度完成6次，然后强度以10%递增，练习次数递减1次，直至达到极限强度： （1）借力推举 （2）高抓 （3）高翻
周二	协调性练习	（1）助跑双脚跳摸高：10次 （2）助跑单脚跳摸高：10次 （3）双手运球：30米×5次 （4）双手反向运球：30米×5次
周三	平衡力练习	以下练习各10次： （1）慢速独木桥练习 （2）俯平衡练习（保持最长时间） （3）“金鸡独立”（保持最长时间）
周四	柔韧性练习	以下练习每个10次，每次20秒： （1）坐角式练习 （2）三角式练习 （3）直角式练习 （4）压腿练习

续表

周期	8周	
周五	力量练习	同周一力量练习
周六	协调性练习	（1）助跑单脚跳摸高：10次 （2）单脚跑跳：30米×3次 （3）双手运球：30米×5次 （4）双手反向运球：30米×5次
周日	休息（辅助练习）	
辅助练习	每日慢跑1 000米+卷腹100个+基础平衡力、柔韧性练习（周三、周四除外）	

六、特殊人群的体能健身训练计划设计

（一）少儿体能健身训练计划

少儿处于生长发育的重要时期，在这一时期抓住身体素质发展的敏感期，加强身体素质锻炼，对促进正常生长发育、增强体质以及培养终身锻炼习惯具有重要意义。

在少儿体能健身训练计划中，课训练计划是最基本的实施单位，包括准备部分、基本部分和结束部分三个阶段。表2-7是少儿速度训练课的安排示例，为少儿速度素质训练提供参考。

表2-7　少儿速度训练计划示例①

训练结构	训练时间	训练内容	训练负荷
准备部分	10～15分钟	1.慢跑800米 2.柔韧性练习（正、侧压腿） 3.踢腿（正踢、侧踢）15米×2次 4.跑的专门练习： （1）小步跑 30米×2次 （2）高抬腿跑 30米×2次 （3）跑跳步 30米×2次 （4）加速跑 30米×4次	负荷强度小
基本部分	30～40分钟	1.起动跑 30米×3次×2组 2.起动跑 60米×3次 3.下肢力量练习： （1）跨步跳 30米×2次 （2）单足跳 30米×2次 （3）提踵 30次×3组	90%以上强度，组间充分休息
结束部分	10～15分钟	1.放松跑200米 2.压腿 3.放松性游戏	负荷强度小

（二）老年人体能健身训练计划

与年轻人相比，老年人普遍身体功能下降、肌力不足，身体各系统机能不断退化，患病率高。为保持身体素质，延缓衰老，预防疾病，老年人也应该积极参加科学的体能锻炼，并注意锻炼的全面性。为保障老年人体能健身训练的科学性、安全性以及良好效果，有必要为老年人设计具有针对性的体能训练方案。表2-8是包括有氧运动、抗组训练、平衡运动及柔韧性训练在

① 赵春英.趣味体能与体育游戏[M].天津：天津科学技术出版社，2014.

内的全面体能训练方案，旨在促进老年人体能水平的整体提升。

表2-8　老年人体能健身训练处方方案示例①

运动模式	有氧运动	抗阻练习	平衡运动	柔韧练习
目的	改善心肺功能、改善体力	强化骨骼及肌肉、缓解关节炎	预防跌倒、骨折、增加稳定性	改善柔韧度及身体姿势
活动内容	步行、踏单车、球类活动、跳舞、远足、游泳等	以主要肌群举起或推动重物、日常家务劳动	太极、单足站立、慢慢地上下楼梯	太极、伸展主要肌肉群、瑜伽
运动强度	中等强度	中等强度	低等至中等强度	低等至中等强度
运动时间	每天20～60分钟	做1～3组练习，主要肌群8～12次（50~60岁适用）或10～15次（心脏病人或60岁以上健全人士适用，并配合较低的相对阻力），维持20～30分钟	每天15～30分钟	每天对6～10个主要肌群进行30秒一次，共4次的持续伸展
运动频率	每周3～7次	每周2～3次	每周1～7次	每周1～7次
运动进度	增加运动时间比增加强度更安全，最好根据耐力及喜好，以较低的强度与进度开始	增加负重量	增加难度，如由开始时需单（双）手扶着桌椅，到后来无须桌椅辅助	增加关节活动范围时，以不产生疼痛为宜

① 张全成，陆雯.高级体适能与运动处方[M].北京：国防工业出版社，2013.

（三）残疾人体能健身训练计划

残疾人是社会弱势群体，也是政府和社会都非常关注和关心的群体。残疾人进行体能健身训练，不但能够增强体质，补偿残疾功能，还能克服自卑心理，增加自信，更好地融入社会。

残疾人体能训练计划和正常健康人的体能训练计划要有所区别，必须针对残疾人的残疾类型、身体状况、康复需要来设计训练计划，从而达到运动康复与保健的效果。在制订计划之前，应先对残疾人进行全面的医疗检查，结合专业医疗评估结果制订计划，而且在体能训练计划的实施过程中必须加强医务监督。

在残疾人体能健身训练计划中，要特别注意对专门性训练方法的选择和运用，训练方法恰当与否直接影响训练效果。比如，适合听力残障群体的体能练习方法有反应性练习（看不同颜色卡片做动作、看手势移动跑等）、平衡性练习（单腿站立、前滚翻等）。适合视力残障群体的体能练习方法有听觉训练（跟着正前方声音向前走或跑、跟随铃声或其他声音在水中行走或游泳等）、触觉训练、定向行走训练（以长绳为引导线，直线走或跑）以及参加盲人门球运动等。

第三节　运动员体能训练计划设计

一、多年体能训练计划设计

多年体能训练计划时间至少两年，多则达到十几年，是对运动员在运动生涯中全部体能训练的规划，或者是对运动员某个特定时期内体能训练的规划。前者指的是全程性计划，后者指的是区间性计划，这是运动员多年体能训练计划的两个类型。

（一）全程性计划

制订全程性体能训练计划，必须为提升专项竞技能力和比赛成绩而服务，必须与专项训练的安排保持一致。全程性体能训练计划中含有四个紧密衔接的阶段，分别是基础训练阶段、专项提高阶段、最佳竞技阶段以及竞技保持阶段。每个阶段的体能训练因该阶段专项训练任务与目标的不同而有不同的安排，不仅各阶段的体能训练任务、内容不同，而且采用的训练方法、安排的运动负荷也有差异。

全程体能训练计划的设计要充分考虑不同身体素质的发展敏感期，抓住敏感期进行训练能够达到事半功倍的效果。在全程训练的四个阶段中，最为关键的核心阶段当属最佳竞技阶段，该阶段的体能训练直接影响运动员最佳竞技能力的获得与保持。基础训练阶段和专项提高阶段的体能训练都是为最佳竞技阶段的运动成绩而服务的。基础训练阶段要打好体能基础，主要进行一般性身体素质练习，专项提高阶段主要结合专项特征和需要进行专项体能训练。最佳竞技阶段的训练成果在竞技保持阶段可以得到延续，为了尽可能延续更长时间，在竞技保持阶段也要围绕专项发展需要进行体能训练，科学合理地安排训练量和训练强度。

（二）区间性计划

全程性体能训练计划是对运动员多年体能训练的全过程所作的一个概括性的规划，是一个关于体能训练的大体框架与结构，不够具体和深入。而区间性计划是关于全程性计划中某个训练阶段的体能训练计划，如基础训练阶段的体能训练计划、专项提高阶段的体能训练计划等。和全程性计划相比，区间性计划周期短，训练目标更加明确，训练内容更为详细、具体，更能体现专项需要。

多年体能训练中不同训练阶段的体能训练都要设计相应的区间性训练计划，而且不同的区间性训练计划要有所区别，要与该阶段的训练目标、任务保持一致。

例如，基础训练阶段的体能训练以一般身体素质和能力训练为主，贯彻循序渐进的训练原则，先培养力量、速度、耐力等单一性身体素质，然后培养灵敏、协调等综合性身体素质，训练负荷不断增加，提高运动员的适应力。

在专项提高阶段的体能训练中，训练内容从一般身体素质向专项身体素质过渡，训练负荷比基础训练阶段的负荷大。

二、年度体能训练计划设计

年度体能训练计划包括单周期、双周期和多周期等结构类型，各类型训练计划的安排与特点如下。

（一）单周期训练计划

将全年体能训练作为一个系统完整的大周期进行组织。这个大周期中又包含三个阶段，分别是准备期、比赛期和恢复期。其中，准备期和比赛期的时间比较长，为便于开展体能训练，又在各个时期划分了具体的训练阶段，将各阶段的体能训练衔接起来。

（二）双周期训练计划

将全年体能训练分两个大周期进行组织，每个大周期中各自包含一个准备期、比赛期、恢复期。在每个大周期中，准备阶段体能训练一般持续3个月，比赛阶段体能训练持续1.5～2个月，恢复阶段1个月左右。1个大周期的训练历时6个月左右完成。

（三）多周期训练计划

将全年体能训练分三个大周期进行组织，这一划分对运动员将体能素质转化为竞技能力，再将竞技能力转化为运动成绩的能力提出了很高的要求，而且每个周期的体能训练对训练条件、训练手段、恢复措施的要求也很高。

三、周期体能训练计划设计

（一）准备期体能训练

准备阶段的体能训练要贯彻从一般到专项、从单一到综合的原则来安排，使运动员的体能水平满足竞赛需要。在一般与专项相结合的体能训练中，一般体能占主导，以促进运动员健康水平的提升。该阶段主要采用负荷量较大、负荷强度较小的间歇训练法和持续训练法。

（二）比赛期体能训练

比赛期的体能训练以专项运动素质的培养与提升为主，促进运动员最佳竞技能力的形成与保持，为接下来的比赛做好充分的准备，争取创造出优异的比赛成绩。

比赛期的体能训练要重视对负荷节奏的安排，使运动员实现超量恢复，在体能训练中也要采用动机激励法使运动员保持适宜的兴奋水平，使其积极参加比赛，最大程度地发挥潜力和技能。

（三）恢复期体能训练

恢复期采用低负荷的训练手段使运动员的身心恢复正常状态，消除紧张状态。运动员的快速恢复不是单纯的休息就能实现的，这里的恢复不是自然恢复，而是在训练活动中的积极恢复。可以采用恢复式训练手段，如变换练习法、游戏练习法等帮助运动员消除身心疲劳。在变换练习和游戏练习活动中，要求练习强度不宜过大，练习量适宜。

四、周体能训练计划设计

周体能训练计划是关于运动员一周体能训练的规划与安排，是比周期体能训练更为具体的训练规划。

在为期一周的体能训练中，大负荷训练课宜安排3～5次，每次大负荷训练课中的训练内容不能完全一样，要交替安排不同训练内容。每周也要安排一些小负荷训练课，课次为一周训练课次总量的1/4，这类训练课的目的是促进运动员机体恢复。

周训练计划中不同负荷课次的分配参考表2–9。

表2–9　周训练计划中不同负荷课次分配①

周课次	大负荷课次	中负荷课次	小负荷课次
3～4	1～2	1～2	0～1
5～6	2	2～3	1～2
7～8	2～3	2～4	2
9～10	3～4	3～5	2～3
11～12	4～5	4～5	3～4

① 康利则，马海涛.体能训练理论与方法[M].西安：陕西人民出版社，2011.

五、课时体能训练计划设计

训练课是最小的体能训练单元，各种类型的体能训练计划最终都要落实在训练课上。设计课时体能训练计划，要根据所处阶段的训练目的、任务及比赛需要而选用训练手段，采取合理的组织形式，并在每次课结束后及时帮助运动员消除疲劳，促进恢复。

（一）训练手段

每次训练课的体能训练效果很大程度上是由课上采用的训练手段决定的，训练手段必须科学、合理、有效，要满足以下要求。

1.系统性和多样化

在体能训练课上采用的训练手段不但太单一，否则不利于良好训练效果的获得，也会影响运动员训练的热情与积极性。丰富多样的训练手段更能够激发运动员的训练激情，取得综合性的训练效果。

此外，训练手段还必须具有系统性，不同训练手段之间要有一定的联系，这样交替使用各种训练手段才能取得更好的训练效果。此外，保证训练手段的系统性也能为检查评定训练效果提供方便。

2.有效性

选择体能训练手段的主要思想是所选手段是否有利于完成课时体能训练任务和实现预期的课时体能训练目标。为确保训练手段的有效性，要深入分析训练手段的动力学、解剖学及生理生化特点，判断预定（发展）的肌群承受适宜的负荷后是否能够引起新的生物适应现象，结合运动人体科学来选择训练手段，能够在很大程度上保障训练手段的科学有效性。例如，要发展运动员的力量耐力，应选其最大负荷能力25%以下的重量进行反复练习（每组重复练习次数较多）；要发展竞技运动员的有氧耐力，应选用刚刚低于运动员个体乳酸阈强度的练习手段。

不同项目运动员在体能训练中应根据本专项运动肌肉工作特点选择适宜的训练手段。

（二）训练课组织实施

课时体能训练计划中还应该包括训练课的组织实施方式，如课堂结构划分、训练条件准备、队列队形设计、分组方式、紧急情况应对策略等。明确这些细节问题，更有利于提高训练课的组织实施效率，提升训练效果，减少不良现象带来的消极影响。

（三）训练后恢复

训练后恢复的措施要提前制定，否则等出现疲劳之后再去想办法就会延长疲劳时间，进而延长恢复时间，影响运动员在下一次训练课上的表现。

训练后采取什么样的恢复措施，主要取决于运动员的疲劳程度，因此也要将运动员疲劳评定方法纳入训练计划中，通过观察、简单仪器测量或教练员经验判断等方式来了解运动员的疲劳性质和程度，从而对症下药，及时干预，促进恢复。

第四节　运动员环境因素影响下的体能训练计划

一、高原环境因素影响下的体能训练计划

高原训练是体能训练的一种特殊手段。高水平运动员为了提升竞技能力和适应比赛要求，有时必须前往高原地区进行体能训练。

高原地区海拔高，地形复杂，空气稀薄，气压低，含氧量少，人的摄氧能力降低，造成最大摄氧量下降。而且由于氧气不足，体内需氧量超过实际吸氧量，使人体的大量糖原进行无氧分解，产生大量的乳酸，血液的pH值下降，影响中枢神经系统的活动，使人体运动能力下降，过早出现疲劳。特别是在海拔4000米以上的区域，神经系统的反应速度严重下降，引起大脑皮层的广泛抑制，使人反应迟钝，活动非常艰难。在如此恶劣的环境中进行训练，对运动员的体能素质提出了非常高的要求，也客观上要求有计划地进行体能训练，循序渐进，注意加强特殊医务监督。

高原体能训练过程一般包括高原训练前的准备阶段、高原训练阶段、下高原后的强化训练阶段三个阶段。

准备阶段：一般应先在平原上进行1～2周的有氧耐力训练，使运动员的有氧代谢能力接近最佳状态，这段时间里应保持一定负荷并逐渐加大，尽量保持一定的强度。

高原训练阶段：进入高原后，先进行两周的适应性训练，然后进入系统正规训练，时间2～4周。运动负荷和运动量恢复到平时的训练水平，并要尽可能地提高强度，但也要注意观察运动员的生理、生化指标。

下高原后的强化训练阶段：高原训练结束后的强化训练主要是大强度的测验和比赛，时间为10大左右。

二、低温因素影响下的体能训练计划

低温环境下进行体能训练能增加身体抵抗寒冷的能力，增强抗病力，还能进一步提高耐力水平和力量素质。

从提高体能训练水平的角度来讲，低温环境下比较适合力量和耐力训练。力量训练内容与方法包括俯卧撑、引体向上、双杠臂屈伸等方法；耐力训练内容与方法包括无负重的3000米、5000米、10000米等长跑；负重的长距离行军；各种体育游戏等。

不同类型的体能项目对身体的刺激是不同的，所需的恢复时间也不同，因此在不同训练日要进行交叉安排。例如，通常人体肌糖原的消耗需要48小时才能恢复，加之低温环境下人体肌糖原消耗的速度增加，因此，当完成5000米武装越野这样的大强度耐力训练后，就应该至少隔天再安排同样的训练；而如果是进行力量类项目训练，只要不重复训练同一个部位，就可以连续安排不同的训练内容。

低温环境下的体能训练负荷控制要依据训练内容来定。以有氧耐力训练为例，为了提高5000米跑的成绩，以接近体能考核／比赛的速度作为练习负荷，持续20～30分钟，训练过程中的强度应达到75%～85%的最大摄氧量。

三、时差因素影响下的体能训练计划

运动员常常需要跨时区参加比赛，为保证参赛顺利，必须克服时差障碍，这样有利于在比赛中发挥出正常水平。运动员适应时差需要一个过程，一般要经历以下几个阶段。

第一，生理节奏紊乱期，这一时期运动员处于身心调整阶段，不宜参加大强度体能训练。

第二，开始适应期，这一阶段运动员生理节奏逐步恢复，可适当增加体能训练强度，参与比赛练习。

第三，基本适应期，这一阶段运动员基本克服时差障碍，可正式参赛。

第四，完全适应期，这一时期运动员竞技状态基本达到最佳。

运动员要积极克服时差障碍，缩短上述第一和第二阶段的时间，保持最佳竞技状态。为了不影响运动员跨地区后的体能训练，使其尽快达到最佳状态，在跨时空的体能训练计划安排中要注意以下几点。

（1）到达目的地的时间尽量是早上，这有利于调整时差。

（2）调整运动员的饮食结构，使机体适应时差反应。

（3）根据目的地时区调整作息表。

（4）运动员根据时差的多少提前到达比赛地点，参加适应性训练。

第三章 健康体适能训练方法指导

体适能是指身体适应生活、运动与环境的综合能力。一般来说，体适能可以分为两类，一类是健康体适能，另一类是竞技体适能。其中健康体适能是指个体能胜任日常工作，有余力享受休闲娱乐生活，又能应付突发情况的能力。健康体适能是衡量一个人身体素质水平和健康水平的重要指标，因此大家都应该选择一定的训练方式来发展自身的体适能素质。本章将从肌力与肌耐力训练、有氧耐力训练、身体柔韧训练和运动减肥四个方面展开研究。这几个方面不仅涵盖了发展体适能的最重要的因素，而且还考虑到目前社会上人们对运动减肥的高度重视，因此特别为需要减肥的人群设计了相应的训练方法。希望给想要提升自身体适能的人群带来帮助，为促进我国国民健康起到积极作用。

第一节　肌力与肌耐力训练

一、肌力与肌耐力的概念

（一）肌力的概念

肌力即肌肉力量，是指肌肉在对抗阻力时所发出的力量。一般而言，肌力的大小是指肌肉在一次收缩时所能产生的最大力量。良好的肌力能很好地保护骨骼、促进健康、预防伤害以及提高工作效率。肌力的强弱和人们进行体育锻炼的数量、质量息息相关，如果一个人平日里缺乏运动，锻炼不足，久而久之肌力就会出现衰退现象。另外，人体从青壮年之后随着年龄的增长，肌力也会逐渐减弱，比如老年人肌力萎缩比较明显。

肌力的大小与许多因素有关，比如抑制神经的兴奋程度、肌纤维的数目与种类、肌肉收缩长度和疲劳程度，以及性别、体质等。

（二）肌耐力的概念

肌耐力是指肌肉维持和使用某种肌力时能够持续较长时间或多次反复使用的能力。良好的肌耐力是一个人身体健康的重要指标，也是发展体适能的重点之一。发展肌肉耐力素质的基本途径有两个，一是增强肌肉力量、提高肌肉耐力的训练，二是增强心肺功能。

二、肌力和肌耐力的训练原则

发展肌力和肌耐力需要遵循一些原则，其中比较重要的有以下几项。

（一）大负荷原则

发展肌力最重要的是要增加运动负荷，即通过提高肌肉所需克服的阻力来提升肌力，这就是大负荷原则。只有加大负荷才能更加有效地提高最大肌力。一般是将阻力控制在接近或达到甚至略超过肌肉所能承受的最大负荷，或者达到原有肌肉最大负荷能力的2/3，否则发展肌力的效果不明显。大负荷原则的生理学依据是，针对不同肌肉组织兴奋性的不同而采取不同的策略。机体内不同肌肉运动单位的兴奋性不同。比如，在阻力较小时，中枢只能调动兴奋性高的肌肉组织单位参与收缩，但是随着负荷的增加，中枢神经系统会募集不同兴奋性的肌肉组织参与收缩运动，也就是调动了更多运动单位参与同步收缩，于是肌肉表现出更大的肌张力。由此可见，如果不增加负荷，有一部分运动单位就不容易接收到刺激信号，那么也就无从得到发展。

（二）渐增负荷原则

渐增负荷原则与大负荷原则需要结合起来运用。渐增负荷原则是指在发展肌力的训练过程中，随着肌力的增长和提高，肌肉对当前的阻力逐渐产生适应，因此需要渐渐增加负荷来保证肌力的持续增长。比如，当训练者适应了前一阶段的最大阻力，即现有负荷已经不再需要最大限度地调动肌纤维参与收缩，如果需要继续提升肌力，那么必须通过增加新的负荷来实现。若在不增加负荷的情况下保持训练，那么将逐渐转向发展肌耐力而不是发展最大肌力。因此，若想发展肌力，就需要让肌肉经常处于克服大负荷的状态。

（三）负荷顺序原则

负荷顺序原则强调的是在力量训练过程中，要对训练动作的前后顺序作科学、合理的安排。总体顺序是先训练大肌群，后训练小肌群，每一次的训练要有清晰的目标，即每一个动作所针对的肌群或者肌肉要明确，且避免前后相邻的训练重复使用同一肌群。首先，大肌肉在运动中枢的兴奋面广、兴奋程度高，由于兴奋的扩散作用，可以对其他肌肉产生一定的带动作用。其次，大肌群或者大肌肉对机体整体具有增强稳定性的作用，因此，先训练大肌群或者大肌肉可以对后面的训练起到促进作用。最后，大肌群或者大肌肉相对耐力更高，而小肌肉易疲劳，如果先训练小肌群或者小肌肉，那么将影响大肌肉的正常训练。避免前后相邻动作使用同一肌群的目的是保护肌肉，防止发生过度疲劳和肌肉损伤的现象。

（四）有效运动量原则

有效运动量原则是指若想发展肌力，就必须保证有足够大的运动强度和足够长的运动时间。一般而言，每个动作训练应不少于3组，且训练结果要接近或达到肌肉疲劳的程度，这样的训练保持一段时间之后，肌肉力量才会逐渐提高。这一原则对于非运动员来说是比较容易忽略的。很多人在锻炼一段时间后，觉得没有什么效果，于是就放弃了。究其原因，首先是运动强度不够，还未达到增加肌力的负荷水平，或者尽管做了动作练习，但却不是有效运动。其次是肌纤维的改变需要一定的时间，如果锻炼的时间较短，那么就无法达到理想的训练效果。

（五）合理训练间隔原则

合理的锻炼间隔也是发展肌力的必要条件。下次力量训练应该在上次训练后出现的超量恢复期内进行，从而使训练效果得以积累。每两次训练的间隔时间与训练强度、训练量都有着密切的关系，训练强度和训练量越大，间隔时间越长。通常来说，较小强度的力量训练在第2天就出现超量恢复了，因此可以每天进行训练；中等强度的训练应隔天进行；大强度的力量训练一周进行1～2次即可。另外还需要注意的是，如果是进行定量负荷训练，那么水平高者出现超量恢复的时间较早，超量恢复的幅度较小，因此训练间隔应较短；如果是进行力竭训练，那么高水平者因负荷大，故超量恢复出现较晚，超量恢复的幅度也较大，训练间隔应稍长。

三、影响肌力和肌耐力训练的主要因素

（一）训练强度

一般常用RM值（最大重复次数）来表示力量训练的负荷强度。RM值是指肌肉在克服某一负荷时可以收缩的最大次数。RM值越小，表示运动员在该负荷下练习的重复次数越少，负荷强度越大。

（二）训练次数和频率

力量训练中训练次数和训练频率的安排与训练目标以及训练者自身的身体素质因素直接相关。有研究表明，对于长期缺乏运动的人而言，隔天训练的效果比每天训练的效果更好。如果严格按照科学的训练方法，每天进行力量训练，那么训练10次后肌肉力量可提高47%；如果在同样负荷的条件下进行隔天训练，那么训练10次后肌力可提高77.6%。对于那些想要发展肌肉爆发力的健身者而言，应适当降低运动强度，同时增加训练组数和训练频率。以发展肌肉耐力和提高内脏机能水平为主要目的人群，则应按照“高频低负荷”的原则进行训练。对于大多数的健身者而言，如果训练的强度不高，可以每天训练；如果是中等强度的负荷，那么可以隔天训练。主要是将身体恢复的情况作为安排训练频率的主要依据。

（三）训练量

训练量是指训练强度和训练时间的乘积。普通健身人群并不是每天都进行训练，那么可以通过控制一段时间内的训练量来安排训练计划。比如，以一周或一个月为单位进行训练的话，总的训练量除了考虑训练强度和训练时间之外，训练频率也是一个重要的因素，即，运动总量=（平均运动强度×运动时间）×训练频率。

四、肌力和肌耐力的训练方案

（一）肌力训练方案

对于想增强体适能的健身人群而言，进行肌力训练时应量力而为，循序渐进，特别是长期缺乏运动的人，要保持对身体的敏感，一旦有不适，应立即停止训练。普通的训练者可以每周一、三、五都做腿部、胸部、背部三个部位的力量练习，隔天进行。肌力较差者可每周一、三、五做胸部和背部的练习，每周二、四、六进行腿部的锻炼。

（二）肌耐力训练方案

增强肌耐力的训练与肌力训练的方案相似。比如，一般水平者可隔天进行腿部、腹部、背部三个部位的锻炼。肌耐力较差的健身者可每周一、三、五做腹部、背部的练习，每周二、四、六做腿部的练习。

五、肌力和肌耐力的训练方法

（一）胸部肌群训练方法

1.卧推

训练部位：胸大肌、三角肌前束、前锯肌、肱三头肌。

起始姿势：仰卧于卧推架的平凳上，保持胸大肌上部在杠铃杆的垂直线上。躯干收紧，双脚自然放在地面上。双手正握杠铃，并且保证大臂与小臂和躯体分别成90°夹角。初学者双手之间可以保持较宽的距离。

动作过程：练习者双臂均衡用力向上推起杠铃至两臂伸直，然后缓缓下落至杠铃杆贴近胸大肌。上下推落的运动轨迹为直线。做3～5组。

呼吸方法：向上推举时呼气，杠铃下降时吸气。如果是大负重练习，停顿时要短暂屏气。

2.上斜卧推

训练部位：胸大肌上部、三角肌前束、肱三头肌。

起始姿势：首先需要调整斜板卧推支架的坐垫位置。身体仰卧，双脚自然放在地面上。双手正握杠铃杆，握距以杠铃杆下降时大臂与躯体和小臂各成90°夹角为宜。

动作过程：控制杠铃杆慢慢向下至锁骨上方，然后用力向上推举至双臂伸直。注意用力的均匀。做3～5组。

呼吸方法：用力向上推举时呼气，杠铃杆下降时吸气。如果是大负重练习，停顿时短暂屏气。

3.下斜卧推

训练部位：胸大肌下束、三角肌前束、肱三头肌。

起始姿势：保持肘关节、踝关节固定在支点上，身体仰卧于斜板上。双手正握杠铃，大臂和小臂、躯体分别成90°夹角。

动作过程：从杠铃杆在胸部正上方开始，匀速用力，双臂向上推举至双臂伸直，杠铃下落时不要碰到胸大肌。做3～5组。

呼吸方法：同上。

（二）肩部肌群训练方法

1.坐姿杠铃颈后推举

训练部位：三角肌、肱三头肌。

起始姿势：坐于健身凳上，保持身体正直。正握杠铃，两手握距为肩宽的两倍。两脚放于健身凳两侧，臀部、背中部和头后部在一个平面上。保护者站在锻炼者的身后，保持适中距离，肘关节弯曲，两手放于锻炼者头部上方。运动前手臂向上伸直，胸打开，上体略向前倾。

动作过程：先做肩关节的外展，肘外展，肩关节内收，向上时内旋。然后做杠铃在颈后的推举运动。杠铃下降到靠近肩部时停顿，然后向上推举至起始姿势。做3~5组。

呼吸方法：低、中负重练习时，下放杠铃时吸气，向上推举杠铃时呼气。如果是大负重练习则起始姿势时吸气，胸廓打开，向上推举时呼气，下放时屏气。

2.站姿杠铃颈后推举

训练部位：三角肌、肱三头肌。

起始姿势：两手正握杠铃置于肩上，两手握距为两倍肩宽。两脚分开略比肩宽。

动作过程：从起始姿势开始，两臂做颈后的向上推举运动，到最高位置后稍作停顿。做3~5组。

呼吸方法：向上推举时吐气，杠铃下落时吸气。

3.站姿哑铃交替推举

训练部位：三角肌、肱三头肌。

起始姿势：两脚自然开立，间距与肩同宽，膝关节微屈。两手各持一只哑铃，手臂向内侧微收，屈肘将哑铃置于肩上。

动作过程：单侧手臂向上推举哑铃。当手臂伸直时，肩关节外旋至掌心朝前。然后缓缓落下，肩关节内旋，掌心朝向内侧，置于肩上。然后另一侧手做相同的动作，两手臂反复交替练习。做3~5组。

呼吸方法：上推时吸气，肘伸直时吐气，下放时吸气，交替进行。

4.站姿哑铃颈前推举

训练部位：三角肌、肱三头肌。

起始姿势：两脚距离与肩同宽，膝关节微屈。肘关节弯曲，大臂朝下，掌心朝后，两手各持一只哑铃。

动作过程：肩关节向后旋转，肘关节外旋，慢慢推举到大臂与地面平行，掌心相对。然后继续向上推举至肘关节伸直，掌心向前。停留2秒后手臂向下运动，肩关节内收，肘关节内旋至起始姿势。做3~5组。

呼吸方法：向上推举时呼气，落下时吸气，反复练习。

（三）上肢肌群训练方法

1.直立杠铃弯举

训练部位：肱二头肌。

起始姿势：双脚与肩同宽自然站立，双膝稍弯曲。双手与肩同宽反握杠铃杆。两臂紧贴身体，两侧腕关节伸直，握紧杠铃后将杠铃杆放在大腿前成起始姿势。

动作过程：肘关节弯曲至最大程度，两侧前臂靠近身体，保持2秒钟后慢慢还原。做3～5组。

呼吸方法：屈肘用力抬起时呼气，还原时吸气。

2.直立杠铃变换弯举

训练部位：肱桡肌、肱二头肌。

起始姿势：双脚距离与肩同宽，双膝稍弯曲，双手与肩同宽反握杠铃。两臂紧贴身体，将杠铃放在大腿前。

动作过程：肘关节弯曲使大臂与小臂成90°角，保持2秒钟后还原至起始姿势。用力将小臂向上抬至颈前最大活动范围，保持2秒钟后还原成90°角。肘关节完全伸直，然后屈肘将杠铃杆抬到颈前位置，保持2秒后还原成起始姿势，重复5～10次。做3～5组。

呼吸方法：用力向上抬起时呼气，还原时吸气。

3.哑铃交替弯举

训练部位：肱二头肌、肱桡肌。

起始姿势：两脚距离与肩同宽，双膝稍弯曲。双手反握哑铃于大腿前侧。

动作过程：单臂屈肘用力向上抬起至90°角，继续屈臂向上使大小臂折叠，保持2秒钟后还原为起始姿势。另一侧手臂做同样的练习。两手臂交替进行。做3～5组。

呼吸方法：屈臂向上时呼气，还原时吸气。

4.俯身单臂屈伸

训练部位：肱三头肌。

起始姿势：膝关节弯曲，身体前倾，单手正握哑铃，拳眼朝前，哑铃置于同侧大腿前部，肘关节弯曲成90°角。

动作过程：肘关节向后伸展至手臂伸直，拳眼向下。肘关节完全伸展后保持2秒，还原。做3～5组。

呼吸方法：肘关节伸直时呼气。

5.正握哑铃锤式腕弯曲

训练部位：桡侧腕屈肌。

起始姿势：双手各持一个哑铃，均正握哑铃的一端，双臂靠近身体两侧。

动作过程：腕关节向前上方抬起，至最大幅度后保持2秒钟，还原，反复练习。做3～5组。

呼吸方法：腕关节用力向上时呼气。

（四）背部肌群训练方法

1.杠铃俯身划船

训练部位：背阔肌、大圆肌、斜方肌、菱形肌。

起始姿势：双手与肩同宽正握杠铃，两脚略比肩窄，脚尖朝前。腰背部肌群保持收紧姿势，然后膝关节微屈，臀部慢慢向后突起并收紧，上体开始前倾至肩部略超过脚尖，双臂下垂于体前，杠铃稍低于膝关节。

动作过程：胸部肌群保持紧张状态，肩关节内收，利用上背部肌群的力量将杠铃拉起靠近上腹部。杠铃在靠近腹部位置时停顿2秒钟，然后慢慢还原。做3～5组。

呼吸方法：低、中负荷练习时，上举杠铃的时候吸气，下放杠铃时吐气；大负荷练习时，上举杠铃时吐气，其余吸气。

2.单臂哑铃划船

训练部位：背阔肌、大圆肌、斜方肌、菱形肌。

起始姿势：单膝跪撑在平凳上，俯身向前使上身与地面平行，一手持哑铃垂于体侧。

动作过程：肩关节内收，肘关节向内夹紧并慢慢弯曲使哑铃向上拉起靠近腹部，稍停顿2秒钟后还原至开始姿势。做3～5组。

呼吸方法：上拉哑铃时吸气，下放时呼气。

3.仰卧哑铃屈伸

训练部位：背阔肌、胸大肌、肱三头肌。

起始姿势：仰卧于平凳上，双手各持一哑铃于胸部上方，双臂向上伸直。

动作过程：两臂慢慢向后伸至大臂与地面平行，同时肘关节向下弯曲至垂直于地面。哑铃在头下方慢慢向上运动至起始姿势。做3～5组。

呼吸方法：向上运动时呼气，其余吸气。

4.俯卧异侧两头起

训练部位：竖脊肌、臀大肌、斜方肌下部。

起始姿势：俯卧于垫子上，双手伸展放在头部两侧，两腿自然伸直。

动作过程：处于对侧的手臂和腿同时向上抬起，两侧交替进行，两侧各做10次为一组。做3～5组。

呼吸方法：手臂和腿上抬时呼气，还原时吸气。

（五）腰腹肌群训练方法

1.仰卧起坐

训练部位：腹直肌。

起始姿势：仰卧于垫子上，膝关节弯曲并拢，使脚后跟踩在垫子上，双手交叉放在胸前或头后。

动作过程：上身用腹部的力量向上抬起，努力用头靠近大腿，颈部可以弯曲，然后还原至起始姿势。反复练习，一般采取单位时间内计数的练习方法，如在一分钟内努力做多次练习。

呼吸方法：上身向上抬起时呼气，还原成起始姿势时吸气。

2.仰卧侧起

训练部位：腹直肌、腹内斜肌、腹外斜肌。

起始姿势：同普通仰卧起坐的起始姿势相似。

动作过程：上身用腹部力量抬起，胸部向斜上方抬起，肘关节向对侧的膝关节靠近。反复练习。

呼吸方法：上身向上抬起时呼气，还原时吸气。

（六）腿部肌群训练方法

1.负重深蹲

训练部位：股四头肌、臀大肌、竖脊肌。

起始姿势：可借助杠铃或者哑铃增加负重，准备时，双脚与肩同宽成半蹲姿势。胸大肌外展，肩关节内收，脚尖向前与膝盖同方向，练习时身体由半蹲姿势成直立姿势，眼睛直视前方。

动作过程：收腹挺胸，臀部和大腿肌群保持紧张，身体成深蹲姿势，使大腿与地面平行，身体重心慢慢向下、向后移动。下肢肌群同时向上用力至成起始姿势，膝关节与髋关节同时伸直。

呼吸方法：中、小负重练习时，下蹲时吸气，向上用力时呼气；大负重练习时，下蹲时吸气，停顿时短暂屏气，站起时呼气。

2.负重单腿下蹲起

训练部位：股四头肌、臀大肌、竖脊肌。

起始姿势：调整身体前后左右位置，前脚踩在地面上，后脚抬起放在凳子上，准备适当重量的杠铃或者哑铃增加负重。前脚的膝关节正面朝前，眼睛直视前方。

动作过程：收腹挺胸，臀部和大腿肌群保持紧张，身体重心落在前脚上，做下蹲动作使前腿大腿与地面平行，且膝关节不要接触地面。注意前腿的膝关节弯曲不要超过脚尖，后腿脚面支撑在平凳上。运动过程中体会下肢肌群向上用力的感觉，然后还原至起始姿势。

呼吸方法：下蹲时吸气，向上时呼气。

第二节　有氧耐力训练

一、有氧耐力的概念

有氧耐力是指有机体在氧气供应充足的情况下坚持长时间运动的能力。有氧耐力是许多运动项目的基础能力，如马拉松、越野跑、长跑、长距离的竞走和游泳等。有氧耐力反映的是心肺功能的健康水平，因此，对于普通的健身者来说，发展有氧耐力具有重要意义。

二、影响有氧耐力水平的主要因素

（一）最大摄氧量

最大摄氧量是指机体在运动过程中，呼吸系统和循环系统所具有的最大摄氧能力，即每分钟所能吸取的氧气量。最大摄氧量是影响耐力水平最重要的因素之一，其在很大程度上受遗传因素的影响，但经后天训练也可以得到提高。

（二）能量的储备与供能能力

人体的运动能力与功能情况息息相关，运动时的能量供应要么来自机体的能量储备，要么来自能量交换。能量储备越多，耐力发展的潜力也就越大。肌肉中的糖原储备是耐力活动中能量供应的物质基础。能量供应的速度主要取决于能量交换的速度，耐力训练能有效地提高各种酶的活性，加快ATP的分解与合成速度。

（三）红肌纤维的数量

影响人体耐力水平的主要因素是白肌纤维与红肌纤维的比例情况。其中，红肌纤维对耐力的影响比白肌纤维要大，为发展耐力素质提供了物质条件。

（四）机能的稳定性

机体机能的稳定性是指机体的各个系统在疲劳产生、内环境发生变化时，仍然能够保持在一定的水平上。一般来说，机能的稳定性取决于机体的抗酸能力，主要和血液中的碱储备有关。运动员的碱储备比未受过训练的人高出10%左右，这对提高运动员的抗酸能力，保持机能稳定性是有利的。

三、有氧耐力训练的要点

（一）监测靶心率

发展有氧耐力主要是提升能量储备能力，即心肺耐力。通常采用较低强度的持续训练和有一定强度的间歇训练，使心率维持在适宜的靶心率范围内。有氧训练形式多样，训练的要点是通过对靶心率的监测来掌控和控制训练进程。无论是慢跑、游泳、骑自行车、爬山、竞走，还是在健身房借助跑步机、椭圆机等设备进行定时、定量的训练，通过掌握靶心率的数值，就可以很好地控制有氧训练的效果，表3–1反映了不同年龄的人在进行有氧训练时靶心率的情况。

表3–1　有氧训练的靶心率①

年龄（岁）	最大心率	最大心率（%）		Karvonen公式计算法②	
		70%	85%	50%	85%
20	200	140	170	135	181
25	195	137	166	133	176
30	190	133	162	130	172
35	185	130	157	128	168
40	180	126	153	125	164
45	175	123	149	123	160
50	170	119	145	120	155
55	165	116	140	118	151
60	160	112	136	115	147
65	155	109	132	113	142

（二）运动强度适宜

有氧运动并不是强度越大、心率越高越好，它追求的是以适宜的心率维持足够长的运动时间，至少要达到30分钟才能取得理想的效果。一般的健身者可以利用下列公式计算合理的运动强度，使心率处于理想的靶心率范围内（表3–2）。

① 赵琦.体能训练理论与方法[M].南京：东南大学出版社，2017.

② Karvonen公式，即靶心率二（最大心率—安静心率）×运动强度%+安静心率。

表3-2 有氧练习强度（心率）的计算（Karvonen公式计算法）[①]

项目	计算公式
最大心率	220-年龄
心率储备	最大心率-安静心率
运动时心率下限	60%心率储备+安静心率
运动时心率上限	80%心率储备+安静心率

四、有氧耐力的训练方案

（一）负荷强度

有氧训练的负荷一般控制在最大强度的70%左右。训练强度计算公式为：训练强度=安静时心率+（最大心率-安静心率）×70%。

（二）无氧阈

无氧阈是指人体在逐渐增加工作强度时，从有氧供能向无氧供能转换的临界点，常以血乳酸含量达到0.04摩尔/升时为标准。因此，在发展无氧耐力时，应该以接近无氧阈的训练强度来进行训练。

（三）持续时间

以提高有氧耐力为目的的训练，一般要求运动时间不少于30分钟，可多次重复3～10分钟或持续30～120分钟，两种方式均可。

① 赵琦.体能训练理论与方法[M].南京：东南大学出版社，2017.

（四）间歇时间

在发展有氧耐力的训练中，应在机体尚未完全恢复时就进行下一次练习，一般当心率恢复到120～130次/分钟时开始下一次练习，具体间歇时间因人而异，但是尽量不要超过4分钟，因为一般超过4分钟之后机体已经基本恢复。

五、有氧耐力的训练方法

（一）慢速跑

发展有氧耐力最为常见的方法就是慢跑。首先，因为慢跑的最大心率正好接近120～130次/分。其次，慢跑运动技术要求低，实施条件广泛，可以在室内，也可以在户外。室内一般选择健身房或者体育馆，室外的话只要路面平坦且没有特殊天气均可以进行。进行慢跑训练时，要做好热身活动，尤其要充分活动踝关节和膝关节。对于初次进行慢跑的运动者没有硬性的标准，只要身体没有不适感，以合适的速度至少跑30分钟即可。

（二）变速跑

一般地，变速跑主要指快跑和慢跑段交替进行。通常情况下，采用400米、600米、800米、1 000米等段落，也可以根据自身的实际水平进行调整和选择。注意控制好间歇时间，在心率处于120～130次/分时进行下一次训练。

（三）定时跑

对于有一定训练基础的健身者，可以在慢跑的基础上进行定时跑练习。

比如现有的水平是可以进行30分钟的慢跑，那么接下来可以设定一个40分钟、50分钟、60分钟的慢跑计划。当然，每次都要量力而为，在已经可以较为轻松地完成现有计划的时候，逐渐增加时间，以提高训练强度，发展有氧耐力。

（四）定距跑

和定时跑的原理一样，当机体已经适应了现有的运动强度时，通过增加跑步距离来发展更高的有氧耐力。比如以3000米、5000米、8000米等不同的距离为阶梯，循序渐进地进行。当跑步距离逐渐增加时，要考虑自己的膝盖承受能力，因此可配合腿部的力量训练来有效保护膝盖。

（五）重复跑

重复跑是指在训练初期，健身者还不能进行长距离的慢跑时，可以选择重复跑的方式来发展有氧耐力。比如自身的现有水平是一次只能坚持600米、800米、1000米、1200米等，那么完成一次600米、800米、1000米、1200米后，注意监测脉搏，当恢复至120～130次/分钟时进行第二个600米、800米、1000米、1200米跑等练习。

（六）连续踩水

除了跑步这种运动形式外，游泳也是发展有氧耐力的有效方法。对于基础较为薄弱的健身者，可以从踩水练习开始。练习时，将手臂露出水面连续踩水，或者将肩部露出水面做踩水练习，但是注意练习时间，不要太疲劳，避免发生意外。

（七）水中快走或大步走

健身者可以在深30～40厘米的浅水池中，做快速走或大步走练习，以水的阻力为负荷，每组100～150步，练习3～5组，或者根据自身的基础情况反复进行练习。

（八）匀速蛙泳或自由泳

会游泳的练习者可以通过游泳提高有氧耐力。游泳时注意保持匀速前进，根据自身情况可以连续进行，也可以分段进行。比如连续游100米，休息3分钟，或者每组游200米，休息1分钟，游5组。间隔时间以心率数值为准。也可以各种泳姿交替进行，比如蛙泳100米，自由泳100米，这样可以提升练习的趣味性。

（九）3分钟以上跳绳

跳绳也是锻炼有氧耐力的有效方式，健身者可以进行3分钟以上的跳绳运动，双臂正摇3分钟、反摇3分钟，交替进行练习，正、反摇一次为一组，做3～5组。间隔时间控制在2分钟之内。当心率恢复至120次／分钟左右时再开始下一次的练习。

（十）登山

登山也是锻炼有氧耐力的一种有效运动形式。登山要结伴同行，而且不要选择人少的荒山、野山，以免发生意外。一群人组队登山既可以锻炼有氧耐力，同时还可以欣赏美景，一举两得。

（十一）5分钟运球跑

喜欢篮球运动的人可以选择与篮球相关的有氧耐力活动，比如单手或双手交替运球跑动5分钟。基础条件好的练习者可以延长练习时间，同时监测心率情况，不低于120～130次/分钟即可。也可以增加练习难度，如两人进行运球过人练习，同样依据心率情况决定练习时间。

（十二）5分钟颠球

喜欢足球的练习者可以用颠球练习提高有氧耐力，可以选择用大腿、胸部或者头部颠球，也可以结合进行。每次5分钟，做3～5组。

第三节　身体柔韧性训练

一、柔韧性训练概述

机体的柔韧性与年龄的关系非常密切。一般而言，少年儿童的骨骼弹性非常好，可塑性强，关节和韧带具有良好的伸展性和柔韧性，因此发展柔韧性最好是从幼儿开始。成年后，发展柔韧性的空间有限，而且需要较长时间，主要是发展肌肉和韧带的韧性，但是一旦停止练习，新获得的柔韧性又会很快消退。柔韧性可以防止身体在运动中受伤，因此身体柔韧素质练习很重要。在练习的过程中要做好准备活动，不可用力过猛，以防受伤。动作的幅度、速度、力量要逐步增加。发展柔韧性的方法很多，练习者可根据自己的身体状况选择适宜的练习方法，并且一定要循序渐进。

在柔韧性训练过程中，无论是静力拉伸，还是动力拉伸，都要注意循序渐进地进行，用力过猛会适得其反。

另外，柔韧性练习与力量训练相结合效果会更好，因为柔韧性的提高要以一定的肌肉力量为基础。在训练前要做好充分的准备活动，用来提高体温，降低肌肉粘滞性，提高肌肉伸展性。

二、柔韧性的训练方案

伸展运动与柔韧性的关系密切，通过身体不同部位的伸展运动，可以提升身体各部位的柔韧性。练习时应量力而为、注意安全，根据自己的身体状况做适当的动作，如果有不舒服的情况应停止练习。柔韧性最好每天练习，在做具体的训练动作时，要注意维持肌肉的紧张感。表3–3是发展柔韧性的练习方案。

表3–3　柔韧性训练方案①

<table>
<tr><th>部位</th><th>项目</th><th>请加强
（0% ~ 20%）</th><th>普通
（21% ~ 80%）</th><th>优良
（81% ~ 99%）</th></tr>
<tr><td rowspan="3">大腿</td><td>动作形式</td><td colspan="3">站立屈膝
跪式：双膝跪地，小腿贴地，上身后仰
单边跪式：单膝跪地，小腿贴地，另一腿伸直，上身后仰</td></tr>
<tr><td>时间/强度</td><td>15秒 × 10次</td><td>20秒 × 7次</td><td>30秒 × 5次</td></tr>
<tr><td>训练频率</td><td>3次/天</td><td>2次/天</td><td>1次/天</td></tr>
<tr><td rowspan="3">小腿</td><td>动作形式</td><td colspan="3">弓箭步式：一脚在前，另一脚在后，膝盖伸直，重心放在后脚
立姿：双脚踩在高5厘米的台阶上，脚跟着地，身体向前倾</td></tr>
<tr><td>时间/强度</td><td>15秒 × 10次</td><td>20秒 × 7次</td><td>30秒 × 5次</td></tr>
<tr><td>训练频率</td><td>3次/天</td><td>2次/天</td><td>1次/天</td></tr>
<tr><td rowspan="3">腰部</td><td>动作形式</td><td colspan="3">体前屈：双脚脚掌相对，身体向前压
转腰：坐姿，一脚跨过另一脚，屈膝，对侧手扳着屈膝脚，身体转向屈膝脚</td></tr>
<tr><td>时间/强度</td><td>15秒 × 10次</td><td>20秒 × 7次</td><td>30秒 × 5次</td></tr>
<tr><td>训练频率</td><td>3次/天</td><td>2次/天</td><td>1次/天</td></tr>
</table>

① 徐玉明.体适能评定与发展[M].北京：北京体育大学出版社，2013.

三、柔韧性的训练方法

发展柔韧性以拉伸为主，主要的有动力性拉伸和静力性拉伸，以及PNF法（本体感觉神经肌肉促进法）和比较新的振动拉伸法、电刺激法、加温辅助法以及器械拉伸等。对于普通人而言，以动力性拉伸和静力性拉伸为主。

（一）静力性拉伸

静力性拉伸是借助人体的体重或借助外力，对机体某些部位的肌肉、韧带等软组织进行拉伸，当达到一定程度时保持一定时间，使肌肉群得到充分的伸展，达到让软组织伸展的作用。静力性拉伸一般分为3个阶段：轻柔拉伸、感受伸展与最终伸展。轻柔拉伸是拉伸动作的开端，通过轻柔缓慢的动作慢慢激活肌肉等软组织进入拉伸状态。在这一阶段应注意用力要稳定而均匀。在感受伸展阶段，人体能够感受到被拉伸的感觉，此时应继续用力，使肌肉逐渐适应拉伸的状态，但仍要注意用力稳定而持续，不要用猛力硬拽，以免拉伤。最终伸展阶段是指进一步增加拉伸强度直到不能再继续伸展，在最高限度保持10～30秒。

（二）动力性拉伸

相对于静力性拉伸，动力性拉伸节奏感更强，是一种动态的、重复的柔韧性拉伸练习。在进行动力性拉伸练习时，以感受到疼痛为准，并做放松活动，然后再次加大拉伸的力度和幅度，使软组织进一步得到刺激，经过多次重复，达到拉长肌腱、韧带、肌肉等软组织的目的。动力性拉伸强度较大，应在静力性拉伸的基础上进行，且一定要充分热身，注意用力均匀稳定。动力性拉伸对加强机体的灵活性具有明显效果。对于普通的健身者来说，做动力性拉伸运动不仅可以增强机体的柔韧性，还可以极大地提高机体的运动能力，在准备活动中做好拉伸运动后，会在一定程度上提高运动能力，还可以降低机体的受伤概率。普通健身者的动力性拉伸，包括关节伸展练习以及软组织伸展练习。在实际的拉伸练习中，注意拉伸的幅度应该从小到大逐渐加大，用力也应该按照小到大的顺序进行，在运动速度方面，从开始时的慢速过渡到中速，最后以适合自己的最快节奏进行练习。

（三）本体感觉神经肌肉促进法

本体感觉神经肌肉促进法（Propriceptive Neuromuscular Facilitated，简称PNF）是一种在被动伸展基础上发展起来的伸展技术，是由神经、肌肉和本体感觉共同参与、以神经发育为促进方法的治疗手段。PNF 法应用了静态伸展中收缩肌因保护性抑制而放松的原理，还利用拮抗肌的交互抑制来放松肌肉，可以有效地避免牵张反射现象的发生，降低肌肉拉伤的发生率，是一种非常有效的肌肉伸展和柔韧性练习方法。在PNF中，首先是目标肌被动伸展至最大位置，然后目标肌进行等长收缩以产生保护性抑制，或目标肌肉的拮抗肌通过向心收缩产生交互抑制。

第四节　运动减肥

一、运动减肥的社会背景

（一）肥胖的形成

世界卫生组织已经将肥胖定义为一种慢性疾病，并指出肥胖与多种疾病有关，对人类具有普遍的危害。根据《中国居民营养与慢性病状况报告（2020年）》最新数据，目前中国的成人中已经有超过1/2的人超重或肥胖，未成年居民（2～18岁）超重率为34.3%、肥胖率为16.4%。当前肥胖已经成为严重危及中国国民健康的问题之一。在这样的大背景下，运动减肥就成为当前大众健康以及大众运动的主流议题。普通人健身的主要目的包括减肥和塑形。

造成人类肥胖的因素有很多，就基因层面来看，远古人类因为靠狩猎觅食，进食十分不稳定，饥肠辘辘是常态，一旦捕获到食物就会饱餐一顿，身体也适应了这种节奏。在得到食物时摄入非常多，在体内转化成脂肪来储存能量。这样的基因遗传到今天就比较容易带来肥胖现象。

另外，由于社会的发展，经济水平的提高，人们已经解决了温饱问题，并且向着富裕的方向迈进。这时候，人们还没有完全适应生活富裕随之而来的“副作用”，即摄入的营养远远多于人体所需，输入远远大于输出。在生活观念和生活习惯上，人们对体重还不够敏感，只要平时饮食稍不注意，体重就会飙升。人在控制饮食的基础上，必须借助运动来减肥。

（二）肥胖的危害

肥胖不仅影响仪态美，更重要的是会危害健康。为此，世界卫生组织已经将肥胖定义为一种慢性疾病，并指出对人类健康的种种危害迹象，比如高血压、高血脂、糖尿病等。甚至过度肥胖还会影响人类的生育和正常繁衍。

减肥不是一朝一夕的事情，需要一段时间内的全身动员，需要循序渐进地进行。缺乏运动的人，其体内的总胆固醇和低密度脂蛋白（俗称“坏胆固醇”）含量明显高于经常运动的人，这类人更容易患冠心病。甚至，“坏胆固醇”会沉积在动脉壁上，形成小米粒一样的粥样硬化斑块，这会导致动脉狭窄、斑块破裂，更严重的会引发心肌缺血或心肌梗死等。

肥胖还会影响人们的心理健康。有数据显示，一些人因为自身肥胖而存在自卑和人际退缩的现象，这进而还制约了人们事业的发展和人际交往，从而给社会安全带来隐患。由此可见，肥胖不仅是健康问题，也是心理问题、社会问题。肥胖不仅对个人的生活造成困扰，还是影响社会健康发展的因素。总之，肥胖问题对人类的发展具有多方面的消极影响，全社会应该从思想上重视起来，从行动上活跃起来，积极进行运动减肥，为个人和社会的健康发展而努力。

二、运动减肥的原则

肥胖是一个综合的身体问题，因此在进行运动减肥时应遵循正确的运动原则，保持理性的、科学的心态，采取合理的运动方式，只要持之以恒，一定会获得理想的减肥效果，重新获得健康。

（一）循序渐进原则

冰冻三尺，非一日之寒，同样的，肥胖的人也不是一餐一食吃胖的，都是经过较长时间积累而成的。因此，在开始运动减肥时，首先要摆正心态，不要操之过急，制订合理的减肥计划。主要包括两个方面：减少摄入，增加消耗。也就是人们常说的“管住嘴”“迈开腿”。无论是运动还是减肥，只有循序渐进、持之以恒才能收获效果。饮食控制要和规律运动相结合，否则就达不到减肥的目的。需要注意的是，减肥也要适度，一般每周减轻体重0.5～1.0千克为宜，过于快速的减脂对身体未必是好事。如果体重波动过大，会损害脏器功能，严重时可危及生命。

为了减轻体重，应该养成合理的饮食习惯，切忌暴饮暴食，改变晚餐丰盛和吃夜宵的习惯。

（二）实事求是原则

运动减肥需要从实际出发，因为每个人的肥胖情况不同，预期目标不同，身体条件和实施条件都不尽相同，因此只有实事求是地进行运动减肥才是合理的。

三、运动减肥的方法

（一）健步走

肥胖人群往往不爱动，能躺着不坐着，能坐着不站着。而要想减肥，第一步就是先动起来。肥胖者体重大，开始时运动量不宜太大，所以健步走是一个很好的选择。可以在场地、公路或其他自然环境中按规定时间做稍快些的健步走。要穿减震的运动鞋，如果是夏天最好穿速干衣，肥胖的人排汗量大，速干衣可以相对保持体感清爽，有助于运动。刚开始训练时通常不少于30分钟。

（二）交叉步走或竞走

对于非过度肥胖的减肥者，可以选择交叉步走或者竞走，以增加运动的趣味性和丰富性。可以结伴而行，也可以独自进行，选择在体育场、公园、公路或自然环境锻炼都可以。每组大约1000米左右，做4～6组，反复进行练习，总运动时间不少于30分钟。

（三）竞走追逐

多人在田径跑道上做竞走追逐的练习，两人前后相距10米，事先安排好一定的信号或者口令，然后开始竞走，后者追赶前者。每组400～600米，练习4～6组。在练习过程中要注意的是，减肥者的竞走姿势必须标准，分组练习结束后再做放松慢跑的练习，以促进机体的恢复。运动时间不少于30分钟。

（四）水中定时游

游泳是很好的运动减肥形式，因为在水中运动时，由于水温低于体温，可以加速消耗身体的热量，从而促进减肥者的能量代谢。与此同时，减肥者由于体重较大，如果长时间地进行陆上训练，对关节的伤害较大。而进行水中运动时，可以很好地保护关节，因此，减肥者在水中运动时可以适当延长运动时间。比如一次游15分钟、20分钟等，然后休息3分钟再开始下一组练习。休息时间可以根据心率而定，当心率在120～130次/分钟时开始下一次练习。

（五）5分钟以上的循环练习

循环运动的优势是帮助练习者消耗体能，发展耐力。因此这种方式适合想通过运动减肥的人群。减肥者可以根据自身的喜好和运动水平选择8～10个练习，组成一套循环练习，反复循环5分钟为一组，练习3～5组，组间间歇5～10分钟。心率在活动结束时控制在140～160次/分钟左右，休息后恢复到120次/分钟以下，然后开始下一组练习。一般情况下，强度应控制在40%～60%之间。

第四章　竞技体能训练方法指导

在竞技运动项目中，体能训练是整体训练计划的基础，我们对体能训练务必要足够重视。本章重点从爆发力训练方法、速度训练方法、灵敏素质训练方法、平衡与协调素质训练方法以及抗阻训练方法等几方面展开研究，尽可能地涵盖竞技体能训练中最基本、最重要的训练方法，希望对促进我国竞技体育的发展起到积极作用。

第一节 爆发力训练方法

一、举重训练

举重训练可以有效增强人体的爆发力，下面分析主要训练方法。

（一）抓举

动作要点：

（1）使用低臀位的预蹲姿势；

（2）握杠时注意要四指紧扣大拇指，双手锁握；

（3）杠铃运动轨迹要贴紧小腿；

（4）注意发力时机，确保在杠铃行进至大腿时挺髋发力：

（5）在抓起的同时，小腿用力蹬地带动杠铃抓起至颈后，身体顺势后蹲；

（6）慢慢支撑杠铃并站稳。

（二）挺举

动作要点：

（1）使用低臀位的预蹲方式；

（2）握杠时注意要四指紧扣大拇指，双手锁握；

（3）确保杠铃运动轨迹紧贴小腿；

（4）杠铃行进至大腿时挺髋发力；

（5）小腿用力蹬地带动杠铃翻转至锁骨，并伴随身体前蹲；

（6）一般多采用箭步挺的方式将杠铃举过头顶；

（7）举过头顶后支撑杠铃并站稳。

（三）直臂耸肩

动作要点：

（1）双脚与肩同宽，重心降低；

（2）膝盖和髋部弯曲，双臂抓住横杠，握杠要略比肩宽；

（3）注意双臂向下伸直，双脚用力将杠铃抬升时呼气；

（4）横杠向膝盖方向靠近时，快速向前移动臀部；

（5）臀部爆发性伸展的同时，耸起肩膀并踮起脚尖，然后降低。

（四）悬空高拉

动作要点：

（1）站姿，双手握住杠铃，双脚同臀宽；

（2）保持双臂伸直，通过向后移动臀部，顺势抬起杠铃，膝盖处于固定的稍微弯曲状态；

（3）当杠铃横杠到达膝盖顶部时快速向前移动臀部，在臀部伸展的过程中，爆发性地耸肩和踮起脚尖；

（4）通过弯曲肘部和继续向上移动杠铃，使杠铃上升至胸膛中部，抬高肘部，使横杠贴近身体；

（5）在下降动作完成时控制住横杠。

（五）高拉

动作要点：

（1）站立时双脚约与肩同宽，降低身体重心，颈部接近横杠；

（2）膝关节和髋呈弯曲姿势，双臂抓住横杠，双手略比肩宽，并位于膝盖对齐线的外侧；

（3）保持双臂伸直，双脚用力蹬地将杠铃抬起时呼气；

（4）横杠向膝盖方向靠近时，快速向前移动臀部，臀部做爆发性伸展时耸起肩膀并踮起脚尖；

（5）通过弯曲肘部使横杠继续向上运动，并抬起至胸膛中部，抬高肘部，使横杠贴近身体；

（6）在下降动作完成时控制住横杠，身体保持紧绷。

（六）杠下下蹲

动作要点：

（1）身体站直，双手握杠铃，双脚同肩宽；

（2）保持双臂伸直，面朝前方，通过向后移动臀部抬起杠铃，同时膝盖稍微弯曲；

（3）在杠铃横杠向下接近膝盖的过程中，快速向前移动臀部；

（4）在臀部伸展的过程中，爆发性地耸肩和踮起脚尖，通过弯曲肘部和继续向上移动杠铃，使杠铃上升至胸膛中部并贴近身体；

（5）当横杠到达肩的位置时，双手放松，让横杠落在前肩形成的支架上，同时降低身体重心成蹲举姿势；

（6）在横杠落在前肩支架的同时下蹲，然后再上升至站立位置。

（七）快速推举

动作要点：

（1）将杠铃靠在前肩上，双手与肩同宽，高抬肘部，托住杠铃；

（2）呼气的同时下蹲，让杠铃的重量从双脚的中心垂直落下；

（3）脚尖用力，然后在横杠下方快速下降至接近全蹲姿势，再迅速举起杠铃。

（八）抓握上拉

动作要点：

（1）双脚同肩宽，站于杠铃边；

（2）下蹲并使用钩式握法抓住横杠，双臂伸直，肘部与横杠在同一平面上。通过伸展臀部和膝盖将杠铃从地面提起，尽量保持横杠贴近双腿；

（3）横杠到达膝盖位置时，臀部继续向前运动，横杠从大腿经过时成站立姿势；

（4）通过弯曲肘部让杠铃继续保持向上运动，使杠铃到达胸膛中部。抬高双肘，让横杠贴近身体。

（九）杠铃半蹲起+徒手半蹲跳

动作要点：

（1）半蹲起注意上下转换动作要快；

（2）放下杠铃后紧接着做爆发式蹲跳动作，蹲跳时可借助上拉动作减轻阻力。

（十）杠铃提踵+徒手直膝跳

动作要点：

（1）以脚腕活动为主，体会踝关节的爆发力，其他关节尽量保持固定；

（2）直膝跳时稳定地跳过前后左右的标志物。

二、投掷训练

（一）卧推+接实心球

两人一组，一人以仰卧姿势向上推实心球，一人站在旁边保护。实心球不宜过重，接球、缓冲、上推要衔接迅速。

（二）力量+超等长弹力协调性+投掷

在力量训练后做超等长的弹性力量训练，然后做简单的协调性练习，最后再做专项投掷练习。

三、跳远训练

（一）直腿纵跳

（1）尽量固定膝盖保持一个姿势，靠上肢与髋部摆动跳起；
（2）为保护膝盖，不可连续训练。

（二）蹲跳

（1）根据起跳预蹲幅度选择进行半蹲、浅蹲、深蹲或全蹲跳；
（2）有球练习效果更佳。

（三）跳深

（1）跳深训练的重点是注意对膝关节缓冲的保护；
（2）有基础的练习者可以选择跳下后立即向远处跳；
（3）也可以选择连续的障碍跳。

（四）侧跳

（1）使用训练板辅助练习；
（2）选择跨越式侧跳或跳上跳下的方式，交替进行练习。

（五）箭步跳

（1）与箭步蹲发力方式类似，另外加上在空中换腿的动作；
（2）保护膝关节，避免连续训练。

（六）立定跳远

（1）立定跳远10次；
（2）收腹跳4组，每组10次；
（3）蛙跳30米，共4组。

第二节　速度训练方法

一、移动速度训练方法

（一）跨栏

（1）准备栏架若干个，在跑道上将起跑线、终点线、跑进路线明确标出来。在跑道两侧摆两排小栏架，每排4个。

（2）练习者听口令快速起动沿跑道前进。

（3）在跑动的过程中，练习者听口令选择两边的栏架进行练习，比如口令是“左右各一跳”，那么练习者先跳左边再跳右边，然后回到跑道继续向前奔跑。如果口令是“左2右3”，那么练习者连续两次跳越左边的栏架，然后再连续跳越右边栏架3次。以此类推。

（4）练习者越过第一排右侧的两个栏架或左侧的两个栏架后，返回跑道上向另一侧的两个栏架跑动，越过另一侧的两个栏架再返回跑道上向第二排栏架跑进。

（5）练习者听指令跳越栏架，最后向终点线快速跑进。

（二）“Z”形跑

（1）将7个锥体按“Z”字形排开，锥体间的水平距离和垂直距离适宜。

（2）练习者在起点处面向锥体做好准备，听到“开始”口令后向第一个锥体快速跑进，然后急停，再向第二个锥体快速跑，再急停……依次跑过所有锥体。

（3）跑完一轮为1组，练习3～5组。

（三）放开冲刺

（1）准备若干绑带或绳索等阻力装置，并绑在练习者的腰间。

（2）练习开始后，练习者迅速冲刺跑，同伴控制好阻力装置，使练习者在适宜的阻力下完成练习。

（3）练习者跑了一小段距离后，同伴放开绳索或绑带使练习者在无阻力的条件下用力奔跑，体会快速冲刺的用力感觉。

在阻力条件下，练习者要拼尽全力跨步前冲，要有爆发力，阻力解除后，利用瞬间的加速度向前冲，将速度加到最大，练习者要能够利用神经系统的功能去控制速度。

二、反应速度训练方法

（一）双人抛球+俯卧撑

（1）两人在垫子上做好跪姿准备，手持实心球，传球给同伴，然后双臂自然支撑做一个标准的俯卧撑动作。

（2）从俯卧撑还原跪姿，再接回同伴回传的球，然后重复传球和俯卧撑练习，快速反复进行。

（二）剪刀式跳跃

1.小剪刀式跳跃

（1）两脚前后开立，稍屈膝、屈髋。

（2）用力蹬地向上纵跳，在空中交换两脚位置，落地后也保持两脚一前一后的姿势。反复练习，并保持上身正直。

2.大剪刀式跳跃

（1）分腿纵跳，拉大两腿前后距离，落地后屈膝，重心低一些，以增加练习强度。

（2）跳跃练习前做好膝盖的热身活动，有必要的情况下可佩戴护膝等器具，重复练习。

（三）团身跳跃

（1）两脚开立，目视前方。

（2）向后摆臂，同时屈膝、屈髋，重心降低，下肢蓄力准备释放。

（3）向前摆臂，当手臂与身体两侧贴近时，髋、膝、踝关节依次伸展，两脚用力蹬地纵跳，膝盖尽可能向胸部靠近。

（4）落地后，两脚依然是分开姿势。

（四）横向滑冰

（1）两脚并立。

（2）左脚或右脚横向蹬地抬起，落地后反方向用力蹬地。

（3）做好膝盖保护工作，两脚交替练习。

三、动作速度训练方法

（一）起动训练

1.平行式两点站姿起动

（1）以运动姿势开始，稍屈膝、屈髋，双脚分开，与肩同宽。

（2）一只脚后移至身体重心后面一点，快速蹬地。

（3）躯干和身体收紧，肩部前倾，通过有力的摆臂动作爆发式向前移动。可以尝试在起始位置直接快速向后撤一步，使所有向前的动力都在一条直线上。

2.前后两点站姿起动

（1）两脚前后开立，稍屈髋、屈膝，将重心落在前脚掌。

（2）摆动腿向前，两脚之间的距离与髋同宽。

（3）摆动腿向前冲，同侧手臂向后摆，在同一直线上。

3.高抛实心球

（1）屈膝下蹲，将实心球放在双腿之间的地面上。

（2）双手抓住实心球两侧，双臂向前下方伸展，抬头，躯干收紧。

（3）推球的同时向前送髋，身体直立并向上抛球。

4.下跌起动

（1）双脚并立，身体前倾直到失去平衡。

（2）快要倒地时快速启动一只脚，通过向前移动控制重心。

（二）加速训练

1.走军步

（1）两脚并立，双臂自然下垂，抬头挺胸，目视前方。

（2）一侧腿的膝关节抬高，完全弯曲，同时保持脚踝背屈接近臀肌，抬至大腿与地面平行时向前伸展，落地，送髋，换另一侧腿练习。

（3）手臂前后摆动配合下肢动作。

2.小跳

（1）跳跃时使用正确的姿态和手臂动作。

（2）一侧腿膝关节抬起，完全屈曲，同时脚踝背屈并接近臀部，在空中时保持走军步时的高位姿势。上身始终直立、稳定。

（3）脚落地时安静、有爆发力。强调踝关节肌肉的硬度。

（三）最大速度训练

1.横向滑步到向前冲刺

来回横向滑步5～10米，然后再向前冲刺10～20米。

横向滑步时保持低重心，脚尖向前，手臂放松。横向滑步到一定位置，然后向前冲刺，也可以在做出有效的技术后或根据某种指令、刺激开始向前冲刺。

2.变速跑

向前加速奔跑20米，再匀速跑20米，再继续加速跑20米，最后慢速跑20米。

注意从加速跑转为匀速跑后要保持身体放松，同时也要保持高步频。第二次加速时要有意识地提高从快速奔跑到冲刺的能力。可以根据运动项目的特点和练习者的实际情况来设定每个阶段的距离。

第三节　灵敏素质训练方法

一、灵敏素质训练的基本要求

人体的灵敏素质实际上是一种综合素质，它在很大程度上受遗传因素的影响，但是通过科学的培养也可以获得一定的提高。灵敏素质训练中应注意逐渐增加训练难度和复杂程度，并且还要不断调整和变换训练方法和条件，从而达到不断提高练习者灵敏素质的目的。一般而言，灵敏素质训练的基本要求如下：

（1）在跑和跳的过程中突然要求练习者迅速改变方向、运动速度，或者是要求突然起动和急停转体等。

（2）在运动中做各种调整身体姿势以达到某种目的的练习。

（3）以各种运动专项为基础，设计符合专项要求的各种复杂多变的训练内容，以提高专项运动水平。

（4）以非常规姿势完成训练，改变机体的运动方向或者运动习惯，这也可以很好地训练灵敏素质。比如，侧向或倒退跳远、跳深等。

（5）在训练内容不变的情况下，通过限制运动空间的大小也可以达到提升灵敏素质的目的。比如球类运动项目中，在缩小的场地上进行训练。

（6）改变动作的速度或速率，如变换动作频率等。

（7）做各种变换方向的动作训练，或对各种信号做出不同的应答反应等。

二、灵敏素质的一般训练方法

发展灵敏素质的途径主要包括徒手体能训练、器械体能训练和组合体能训练等。

（一）徒手体能训练

（1）单人训练：弓箭步转体、立卧撑跳转体、屈体跳、腾空飞脚、跳起转体、快速后退跑、快速折返跑等练习。

（2）双人训练：障碍追逐、过人、模仿跑、撞拐等。

（二）器械体能训练

（1）单人训练：包括运球、顶球、大腿颠球、双杠转体跳下、翻越肋木、钻栏架、钻山羊以及其他球类运动、体操运动的专项技术训练。

（2）双人训练：各种形式的传球、运球、过人、接球、抢球、接球翻滚以及双杠杠端支撑跳下换位追逐、肋木穿越追逐等。

（三）组合动作训练

（1）两个动作组合训练：交叉步—后退跑、后踢腿跑—圆圈跑、侧手翻—前滚翻、转体俯卧—膝触胸、变换跳转髋—交叉步跑、立卧撑—原地高抬腿跑等。

（2）三个动作组合训练：交叉步侧跨步—滑步—障碍跑、旋风脚—侧手翻—前滚翻、弹腿—腾空飞脚—鱼跃前滚翻、滑跳—交叉步跑—转身滑步跑等。

（3）多个动作组合训练：倒立前滚翻—单肩后滚翻—侧滚—跪跳起、悬垂摆动—双杠跳下—钻山羊—走平衡木、跨栏—钻栏—跳栏—滚翻、摆腿后退跑—鱼跃前滚翻—立卧撑等。

三、灵敏素质的专项训练方法

（一）体操训练

（1）很多体操动作是练习灵敏素质的有效手段，比如前滚翻、后滚翻、侧滚翻等动作，可组合练习。

（2）连续做前滚翻或后滚翻动作。

（3）双人前滚翻：一人仰卧，另一人分腿站在仰卧人的头两侧，双方互握对方的两脚踝，然后做连续的双人前滚翻或后滚翻。

（4）练习连续的侧手翻动作。

（5）鱼跃前滚翻，可设置一定高度的障碍物。

（6）三人一组练习，一人仰卧，另外两人各抓练习者的一只脚，同时用力上提，使其翻转站立。

（7）连续做前手翻、头手翻、后手翻以及团身后空翻等练习，然后改变顺序继续练习。

（8）跳马练习，熟练跳上、挺身跳下，分腿或屈腿腾越等动作，直接跳越器械，跳起在马上做前滚翻。练习时需要有同伴在旁边保护。

（9）在低单杠上做翻上、支撑腹回环、支撑后摆跳下以及支撑摆动向前侧跳下等简单动作。

（10）在低双杠上做肩倒立、前滚翻成分腿坐、向前支撑摆动越杠下以及向后摆动越杠下等简单动作。练习时要安排同伴在旁边保护。

（二）跳绳训练

（1）“扫地”跳跃。运动员将绳握成多段，从下蹲姿势开始，用绳子做“扫地”动作，两脚不停地跳跃。

（2）前摇两次，跳一次，跳5组后改为前摇三次，跳一次，再跳5组。

（3）后摇两次，跳一次，跳5组后改为后摇三次，跳一次，再跳5组。

（4）交叉摇绳。运动员两手交叉摇绳，每摇2次，单足或双足跳长绳一次。

（5）集体跳绳：两人摇长绳，其他人连续不断地跳过绳子。每人应在绳子摇到最高点时迅速跳过绳子并快速跑出。

（6）走矮子步：两人将绳子拉直，适当降低绳子的高度，要求其他人在绳子下走矮子步或者做滑步动作，要求是通过时不能碰到绳子，否则视为挑战失败。

（7）跳波浪绳：两人双手握一根长绳，将绳子上下抖动成波浪形，其他练习者敏捷地从绳子上跳过，碰到绳子者与摇绳者交换。

（8）跳蛇形绳：两人双手握一根长绳，将绳子左右抖动，成蜿蜒爬行的蛇形，其他人在绳子上跳来跳去，1分钟内触碰绳子最少者获胜。

（9）跳粗绳：一人双手握一根粗绳站在中心，其他人围成一个圆圈站立，执绳者做扫圆动作，其他人立即跳起，被绳子碰到后出局。

第四节　平衡与协调素质训练方法

一、平衡素质训练的基本方法

（一）弹跳床训练

1.弹跳床上动态平衡站姿

站在弹跳床上，然后变化不同的动作，并努力保持身体平衡，发展平衡能力。

2.弹跳床上高抬腿

在弹跳床上做高抬腿练习，努力保持高抬腿动作的稳定，且频率一致，身体相对平衡。

3.弹跳床上坐、站交替练习

练习者在弹跳床上做坐和站的交替练习，比如从坐姿弹起，然后以站姿再次弹起。

（二）平衡垫训练

1.踩平衡垫摸桶

选择小桶作为练习的辅助设备，在平衡垫的正前方、左边、右边分别放置三个高度合适的小桶，小桶与平衡垫的距离以练习者站在平衡垫上可以摸到为宜。练习者站在平衡垫上，做下蹲摸桶的练习，连续由左至右摸桶，同时用双腿保持身体的平衡。

2.穿行平衡垫

需要准备多个平衡垫，然后摆放为一列，相邻平衡垫之间为练习者的一步距离。练习时从一侧开始匀速、平稳地穿行到另一侧。

3.踩平衡垫拍球

练习者双脚各踩一个平衡垫，然后在动态平衡的前提下做拍球练习。可以单手拍球，也可以双手拍球，要求练习者匀速拍球，同时保持身体平衡。

（三）悬吊训练

悬吊的练习难度较大，具备一定运动基础的练习者可以尝试。

1.上肢训练

（1）双臂俯卧撑

练习时用双手紧握吊环，伸直双臂，双脚并拢并做好俯卧姿势。做一个完整的双臂俯卧撑动作需要2秒左右，保持这个速度重复做10个动作后休息

30秒，然后继续下一组的训练。练习时注意腿部不要发力，且始终保持身体平衡。

（2）仰卧屈臂上拉

仰卧在垫子上，双臂伸直握住悬吊环，双脚并拢。训练时需要将屈臂上拉身体的动作放缓，并且身体要与地面呈70°夹角。每组做13次，组间间歇50秒，每次训练5～10组。

2.下肢训练

运动员站立时需要背向悬吊绳，单脚套于悬吊环上。然后缓缓地下蹲，并且始终与地面保持平行，移动吊脚，当运动员感受到拉伸感之后再还原。重复10～15组，每组25次。完成后换另一只脚训练。

3.核心区域的训练

（1）双肘静力支撑双腿悬吊。在训练的过程中，运动员坐在垫子上交叉吊环，然后双手握紧吊环，并及时将双脚套住，伸展双臂支撑。完成动作后，静止45秒左右，然后重复动作，以重复3组为宜，间歇45秒后开始下一组动作。在训练过程中运动员需要注意确保躯干始终处于水平状态，呼吸均匀。

（2）仰卧双腿悬吊挺髋。运动员双手握住悬吊环，然后将双脚的脚跟挂住。仰卧时双肩贴住垫子，身体展开，自然放松。屈膝时动作要缓慢，同时注意固定双臂、提髋，提髋到一定高度后保持45秒。然后开始下一组动作，完成3组，每组间隔45秒。在训练过程中动作要保持匀速，身体需绷直，且保持均匀呼吸。

二、协调素质训练的基本方法

（一）上肢协调练习

一臂直臂向前、向下、向后、向上画圆摆动，同时另一臂向后、向下、向前、向上画圆摆动，均以肩关节为轴。

（二）下肢协调练习

1.原地拍击脚背

左手在体前拍击左脚脚背内侧，右手在体后拍击右脚脚背外侧，动作要保持连贯、循环往复。

2.转向跳

双脚并拢向上跳，跳起后转体180°落地。身体与双手要维持平衡。可以分别练习向左跳与向右跳。

3.变向跑

按哨声执行动作。提前规定好哨声的规则，比如一声哨是向左冲刺5米；两声哨是向右冲刺5米。

（三）整体协调练习

1.侧向交叉步

需要肩、胸、腰、髋关节的协调参与。尤其是腰部和髋关节要具有较强的灵活性。

手臂在体侧自然伸展，保持身体平衡，侧向移动时速度不要过快，确保每一个动作完整、到位。

2.镜像练习

镜像练习是指挑战自己不习惯的运动方式。比如，如果习惯了使用右手（脚）发力，那么改用左手（脚）进行练习。投掷动作或者跳跃动作都可以尝试练习。

3.使用不习惯的起始位置

背对跳跃方向完成跳高或跳深。

4.改变战术条件

灵活改变战术条件，如与不同级别的对手或同伴完成任务。

第五节　抗阻训练方法

一、抗阻训练概述

（一）抗阻训练的内涵

抗阻训练是一种完全凭借自身力量克服外界阻力的练习。外界的阻力来自器械、他人和自身重量等。抗阻训练是增强肌肉力量、肌肉耐力以及爆发力的主要手段。依据肌肉的收缩形式可以将抗阻运动分为静力性收缩运动与动力性收缩运动。在训练中增加阻力是为了增强肌肉的力量和耐力。相比较而言，动力性抗阻运动与日常生活中的许多活动形式相似，因此，采用动力性抗阻训练更具有现实意义。

（二）抗阻训练的突出效果

有研究表明，经过系统的、恰当的抗阻训练能够提高机体的最大力量、耐力、爆发力，同时还可以增加肌肉的体积。

以抗阻力跑为例，经过适当的训练可以显著提高人体的最大力量和爆发力，对发展运动员髋、膝、踝三个关节的伸肌力量和大腿的摆动力量也具有促进作用。抗阻力跑是比较安全的训练方式，尤其对于提升短跑技术十分有效。总之，在许多运动项目上，抗阻训练都表现出良好的训练效果，因此被广泛运用于提升力量、耐力和爆发力的训练活动中。

（三）抗阻训练的基本原则

1.循序渐进原则

在进行抗阻训练时，要以比较简单的动作为主，而且运动量较小，在一些基本训练上增加阻力，目的就是加强和提升肌群和肌肉的力量、耐力、爆发力等。不要轻易跳过初级训练去尝试高级训练，而要采取循序渐进的方式，逐步提高训练难度，否则不仅不会达到训练目标，还有可能造成运动损伤。

2.针对性原则

抗阻训练大体上包括举重训练、跳跃训练和跑步训练等方法，在选择训练方法和手段时，应针对自身的训练项目和训练目标而定，没有必要将所有的训练方式全部尝试一遍，有选择性、有针对性地开展训练才有现实意义。

3.完整性原则

在进行抗阻训练时，一定要遵循完整性训练原则。完整性原则是指，一次训练包括练习前的准备活动、正式训练、训练后的放松活动，一个都不能少。准备活动对于练习者非常重要，在抗阻训练中由于增加了更多的阻力，那么对肌肉等组织的挑战更高，如果不做好热身和准备活动，很容易造成肌肉拉伤，并且练习效果也会大打折扣。另外，抗阻训练的训练强度较大，疲劳感会更重，如果不及时进行放松活动，会加重疲劳程度，并且给内脏器官带来更大的负担。

二、抗阻训练的具体方法

（一）小步跑

训练目的：锻炼腰肌和腓肠肌的力量素质，以及发展身体的灵活性和协调性。

动作方法：需借助训练器进行，练习者正向站在训练器的前方，将训练器的绳索挂在腰部。跑步时上体稍前倾，提腿向前做小步跑训练。其中当一腿向前用力迈出时，另一腿的大腿应积极下压，以脚掌抓地，双臂自然摆动以保持身体平衡。练习时膝关节要稳定。双脚步法要保持一定的节奏感，脚步落地有一定的弹性。水平向前行进25米为一组，练习3～5组。

注意事项：阻力大小要根据练习者的能力而定，以不影响动作的准确性为准。在阻力训练中阻力只是手段，不是目的，因此不必追求过大的阻力，而是在一定的阻力下发展小步快跑的能力。

（二）后退小步跑

训练目的：同小步跑。

动作方法：和小步跑相反，练习者要背向站于训练器的正前方，绳索挂在腰部正中位置。准备跑步时上体稍后倾，一腿向后摆动，另一条腿的大腿积极下压，着地时膝关节伸直，双腿交替进行。注意动作的节奏感和弹性，努力保持跑速稳定。练习者向后行进25米为一组，练习3～5组。

注意事项：选择恰当的绳索阻力，以不影响动作的准确性为准，后退跑比向前跑有一定的难度，因此应考虑适当减少阻力。

（三）高抬腿跑

训练目的：发展下肢肌群的力量，主要是蹬和撑的能力。

动作方法：正向站在训练器前方，将绳索挂在后腰中部。跑步时上体稍前倾，摆动腿的大腿积极向前上方抬起，并使大腿与地面平行，同时另一腿大腿要积极下压，为前进提供支撑力，双腿交替向前跑，腰部与腿部配合用力带动身体向前跑动，双臂配合双腿前后摆动。向前快速跑动25米，重复3～5次。

注意事项：阻力大小因人而异，不能影响动作的准确性。注意跑动时上体不要后仰，抬起的大腿努力与地面保持平行，同时保持跑姿的稳定。

（四）侧向高抬腿跑

训练目的：锻炼腹外斜肌、下肢肌肉群的蹬、撑能力，锻炼腿部力量，提高身体的协调性。

动作方法：侧向高抬腿和正向高抬腿相似，练习者侧向站在训练器的前方，绳索挂在后腰正中部。跑步时上体稍前倾，摆动腿的大腿积极向前上方摆至水平位置，带动同侧髋稍向前，同时另一腿大腿要积极下压，重心提起，前脚掌着地，双腿交替向侧面行进，双臂配合双腿前后摆动。侧向跑动10米后迅速转身向前加速跑25米。

注意事项：选择恰当的阻力进行训练，以不影响动作的准确性为准，跑步时上体不能后仰，借助腰部用力。

（五）后退高抬腿跑

训练目的：提高下肢肌群的蹬、撑能力，锻炼腿部力量，提高身体的协调平衡能力。

动作方法：练习者背向站在训练器的正前方，绳索挂在后腰正中部。跑步时上体保持正直，摆动腿的大腿积极向前上方摆至水平位置，带动同侧髋稍向前，同时另一腿大腿要积极下压，重心提起，前脚掌着地，双腿交替后退跑，双臂配合双腿前后摆动。向后跑动10米后迅速转身向前加速跑25米。

注意事项：绳索阻力因人而异，以不影响动作的准确性为准，上体不要后仰，支撑腿的踝关节要起到缓冲的作用。

（六）垫步高抬腿跑

训练目的：提高下肢肌群的蹬、撑能力，锻炼腿部力量。

动作方法：正向站于训练器前方，绳索挂在身体后腰正中位置。上体稍微前倾，摆动腿的大腿积极向前上方摆至水平位置，带动同侧髋稍向前，同时另一腿大腿要积极下压，重心提起，前脚掌着地，此时支撑腿迅速原地垫步一次，双腿交替向前跑，双臂配合双腿前后摆动。向前有节奏地跑动10米接加速跑25米。

注意事项：绳索阻力因人而异，以不影响动作的准确性为准，上体不要后仰，支撑腿的踝关节要起到缓冲的作用，垫步时要迅速。

（七）半高抬腿跑

训练目的：增强下肢肌群的蹬地力量，提高速度。

动作方法：正向站于训练器前方，绳索挂在身体后腰中部。跑步时上体稍向前倾，摆动腿的大腿向前上方摆动时，最高至与地面呈45°夹角，另一条腿要积极下压，前脚掌用力蹬地，双腿交替快速向前跑动，双臂自然摆动以保持身体平衡。先向前跑动10米，然后加速跑25米。

注意事项：阻力选择以练习者的自身条件为准，重点是不能影响动作的准确性。支撑腿迅速蹬地摆腿，练习时注意步幅要小，频率要快。

（八）侧向半高抬腿跑

训练目的：发展腹外斜肌以及下肢肌群的力量，提高速度和身体的协调性。

动作方法：练习者侧向站在训练器的正前方，绳索挂在身体侧腰中部。跑步时上体稍向前倾，摆动腿大腿向前上方摆至与地面呈90°夹角，同时另一腿积极下压，以脚掌用力蹬地，跑步时注意身体的平稳，不要晃动。向前跑动10米后迅速转身向前加速跑25米。

注意事项：阻力的大小因人而异，因情况而异，重点是不影响动作的准确性，练习时体会用力蹬地摆腿的感觉，注意步幅要小，频率尽量快。

（九）单腿扒地行进

训练目的：发展腰肌力量，提高前脚掌扒地的能力以及身体的协调性。

动作方法：正向站在训练器的前方，将绳索挂在后腰正中部。上体稍前倾，以膝关节为轴，一腿向前伸，积极下压落地，前脚掌迅速扒地，另一腿配合有节奏地向前拖动，循环向前行进，双臂自然摆动以保持身体平衡。向前跑动15 ~ 20米接加速跑20米。

注意事项：绳索的阻力以不影响动作的准确性为准，训练时保持小步幅、高频率。

（十）车轮跑

训练目的：提高髋部屈伸肌群的摆动力量、对抗肌群的运动协调能力，增强股二头肌的力量。

动作方法：练习者正向站在训练器的正前方，绳索挂在身体后腰中部，摆动腿大腿摆到最高点时迅速下压，小腿自然前伸做“鞭打式”的扒地动作，用脚掌积极扒地，两腿交替进行练习，体会身体协调用力的稳定性，双臂自然摆动以保持身体平衡。

注意事项：选择合适的阻力，以不影响动作的准确性为准，跑动时身体保持平衡。扒地、高抬腿时膝关节放松，大腿积极下压。

（十一）跨步跳

训练目的：全面发展腿部肌群力量，增强爆发力和弹跳力。

动作方法：练习者正向站于训练器的正前方，绳索挂在身体后腰中部。练习时最先发力的腿用力蹬伸，大腿与地面平行，小腿保持放松，与大腿成120°左右的夹角。跨步跳时，前腿屈膝主动前摆送髋，落地时小腿积极后压，脚掌扒地，身体有明显的腾空。向前跑动10米接加速跑25米。

注意事项：落地时要全脚掌着地，踝关节放松，步幅要大，体会向上跃起的感觉，身体重心向上，蹬地后迅速弹起。

（十二）后蹬跑

训练目的：发展腿部肌群的力量，特别是爆发力和弹跳力，培养大腿积极主动前摆和下压的能力。

动作方法：练习者正向站在训练器的正前方，绳索挂在腰的中部。上体正直或稍前倾，摆动腿积极后蹬，双臂自然摆动以保持身体平衡。后蹬时摆腿送髋，随即膝、踝充分蹬伸，腾空时重心前倾，两腿交替向前跑动10米接加速跑25米。

注意事项：练习时要全脚掌着地，以保持身体的平稳。同时步幅要大，重心略向上。

第五章　专项体能训练方法指导

专项体能在运动健身和竞技运动领域都有重要意义。健身运动者参与各类体育运动项目，学习专项技战术方法，要以良好的专项体能为基础。专项体能也是专业运动员在比赛中充分发挥技战术能力、展现竞技比赛能力以及取得良好比赛成绩的基础条件。不管是普通的健身运动者还是专业运动员，都必须通过科学的专项体能训练来提高自身的专项体能水平。可以根据所参与或从事的运动项目的体能特征、体能要求等设计专项体能训练方法，提高专项体能训练效果。本章重点对田径、篮球、足球、健美操以及游泳五个运动项目的专项体能训练方法展开介绍。

第一节　田径体能训练

一、田径力量训练方法

（一）最大力量训练

有关研究证实，田径运动员每周进行3次专门力量训练，坚持12周左右，其肌肉力量和质量就可以显著提升和改善。与此同时，也会提升神经元的适应能力，有效发展最大力量。最大力量的具体训练方法如下。

1.负荷恒定训练法

以练习者一次能够举起的最大重量的80%作为恒定负荷进行练习，练习组数为3组，每组重复10次，组间间歇时间约为3分钟。

采用这一训练方法时，负荷看起来是恒定的，但随着练习者力量的增强，其一次能够举起的最大重量也会增加，这样一来，最大重量的80%作为负荷强度也增加了。该练习有助于促进肌肉新陈代谢，使肌肉力量、协调性得到改善与提升。

2.负荷递增训练法

负荷递增训练法是一种循序渐进地增加负荷的练习方法，负荷增加的同时，练习量逐渐减少。采用这种练习方法时，负荷强度以最大力量的70%～90%为宜，每组15次，共3组，组间间歇时间约为3分钟。

3.强度练习法

强度练习法要求采用极限或次极限负荷强度进行练习，即负荷强度为最大力量的85%～100%，每组重复3次，共8组，组间间歇时间约为3分钟左右。

采用强度练习法时，要求练习者神经肌肉系统全力参与工作，从而提高肌肉的最大用力效果。

4.全面耗竭练习法

全面耗竭练习法是使肌肉组织在工作中完全耗竭的一种训练方法，负荷强度一般为最大力量的60%~70%，每组重复练习至身体的极限，共5组，组间间歇时间约为3分钟。

（二）快速力量训练

1.起动力量训练

起动力量训练的负荷强度较小，只有最大力量的30%~50%，练习频率为每周3次，每次5组，每组10次。该练习要求练习者快速完成每个动作，速度减慢后停止练习，开始下一次练习。

2.爆发力训练

爆发力训练是促进练习者神经元兴奋性提升、肌肉适应能力增强的有效方法。为保证训练效果，爆发力训练一般应持续10周左右，频率为每周3次，以最大力量的70%~100%作为负荷强度，每组1~5次，共5组，组间间歇时间大约3分钟。

此外，提高爆发力也可以采用小负荷力量训练方法，要求以最快速度完成练习，促进肌肉收缩速度的加快。该方法一般负荷强度为最大力量的30%~60%，共练习5组，每组8次左右，组间间歇大约5分钟。

（三）核心力量训练

人体核心部位（躯干）附着的肌肉和韧带在神经系统的支配下所产生的收缩力量即为核心力量。在参与田径运动的过程中，核心力量发挥着重要作用，身体多个肌群、关节都要共同参与运动。核心肌群力量大，有助于保持正确的身体姿势，维持身体稳定性，规范完成专项技术动作，提升田径运动技能水平。

进行核心力量训练时，负荷强度一般比较小，强调克服自身体重。练习频率为每周3次，每次练习动作以6～8个为宜，每个动作持续时间大约为30～60秒，为保证训练效果，建议坚持4～6周。

一般要求将核心力量训练与核心稳定性训练结合起来，练习方式主要有以下几种。

1.单一器械练习

采用平衡板、平衡球、瑞士球、悬吊绳等器械进行练习。这些器械的共同点是活动轨迹不固定，能够刺激练习者躯干部位的深层肌群积极参与运动，并使躯体的正确运动姿态得到很好的保持，从而提升练习者的核心力量和核心稳定能力。这样即使不借助外力也能很好地支撑躯体。

2.综合器械练习

综合器械练习方式丰富多样，如在平衡球上单脚站立或双脚同时站立，手持哑铃做一些简单的练习，包括上举、下拉、转体、下蹲等，或者坐在瑞士球上持轻器械做各种简单的练习等。

采用综合器械练习法时，至少要选择两个器械，这样练习难度就比单一器械练习的难度大一些。这种方法适用于核心肌群力量较强的运动员。这些运动员的身体平衡控制力较强，能够使躯干在正确姿势下完成各种器械练习。

采用综合器械练习法时，其中一种器械应该是不稳定的器械或者是使运动员站在器械上时处于不平衡状态的器械。采用这样的器械进行非平衡性力量训练，能够锻炼运动员调整与控制身体平衡的能力，促进神经—肌肉系统的平衡、肌肉本体感受能力的改善以及核心肌群力量的发展。

3.普拉提练习

普拉提运动集肢体活动与心灵修养于一身，练习者在这类练习中，用自己的意志力对身体动作加以控制，通过锻炼身体各部位肌群，深入体会自身肌肉的伸缩与控制，最终增强核心肌群的力量，促进身体稳定性的提升。

二、田径速度训练方法

（一）反应速度训练

1.重复反应法

教练员突然发出信号，练习者快速作出反应，或者教练员连续发相同或不同的信号，训练练习者的反应力。练习者听信号快速起动完成信号指示的动作，如果是重复同一信号，要求每次的应答反应都必须很快，不能停顿、犹豫，也不能做信号之外的动作。

2.分解运动法

对回答反应的动作进行分解，可以帮助练习者在比较简单和容易的条件下快速反应，完成动作，从而促进反应速度的提高。

例如，练习者蹲踞式起跑的反应时间比站立式起跑的反应时间长，因为蹲踞式起跑的准备姿势是练习者双手撑地，手臂承担部分身体重量，当教练员发出起跑信号时，练习者很难快速脱离支撑点，从反应到行动需要一点时间。而如果采用站立式起跑的准备姿势，听到起跑信号时上肢反应速度就会更快一些。

（二）动作速度训练

1.“加速”动作练习法

田径运动中，很多项目都含有一个加速阶段，这是从静止状态到最大速度的过渡阶段，如跳跃运动中的助跑阶段，投掷运动中的滑步阶段等。加速动作可以使动作速度不断加快，直至达到最大速度。因此，在田径动作速度训练中一定不能忽视加速阶段的练习。

在恰当的时机将合理的辅助加速动作加入完整动作过程中，能够取得良好的速度提升效果。如在推铅球项目中，运动员最后出手前会有一个转体动作，这就是为了加快出手速度。在动作速度练习中应该对这些辅助环节单独进行训练。

2.改进技术法

技术动作的完善程度对动作速度有决定性影响。技术动作是否完善，与动作幅度、动作方向、肌肉用力部位和用力角度以及肌肉工作距离、工作时间等有着紧密的联系。只有做好各个动作环节，确保各环节之间的连贯衔接，并优化各个动作要素，才能提升技术动作质量，将技术动作轻松快速地完成，没有多余的动作，使动作速度水平可以得到充分发挥。

（三）位移速度训练

1.发展步长、步频练习法

短跑运动员发展位移速度的主要方法是加快步频和加大步长。在发展步长和步频的练习中，可以借助先进的训练工具，如牵引机、吊架的领先装置等。这样不仅能够提高跑速，还能改进短跑技术。

2.综合性练习法

综合性练习法指的是将位移速度的发展与技术的改进结合起来进行练习，步骤如下。

第一步，进行肌肉力量练习，主要采用负重重复练习法，负荷强度为最大力量的40%～60%。

第二步，进行肌肉协调性练习，如负重蹲跳、跳深等，负荷强度以最大力量的75%～100%为宜。

第三步，“金字塔式”练习，将以上两种练习结合起来。

第四步，进行髋关节柔韧性练习，如弓步肩后仰、转髋走、胶皮带抬腿送髋等。

第五步，改进技术动作，促进位移速度的发展。

三、田径耐力训练方法

（一）变换练习法

在变换练习条件、练习因素的情况下反复进行练习。可变换的练习因素有很多，但最常变换的是练习负荷，根据练习者的情况采用不同的练习负荷，不断提升练习效果。

此外，还可以变换练习条件，如在不同的地形、选择不同的路线进行快跑、慢跑、变速跑练习。

需要注意的是，在采用变换练习法时，要按照运动训练规律和人体发展规律科学合理地、有序地改变训练因素，不能突然改变，要给练习者一个适应的过程，以免造成运动损伤。

（二）高原练习法

高原练习法指的是在空气稀薄的高原地区进行特殊环境下的缺氧训练，以2 500米海拔高度为宜。在其他训练条件相同的情况下，高原训练比平原训练的耗能更多，疲劳更快、更重，恢复时间更长，而且训练过程更艰难，存在一些不易控制的因素，所以这种训练方法一般适用于适应能力强的高水平田径运动员。

若因一些特殊原因无法采用高原练习法时，可以用“低压氧舱”练习、“仿高原训练器”练习等方式来替代，这同样也是在缺氧环境下训练，能够达到类似的效果。

第二节　篮球体能训练

一、篮球力量训练方法

（一）上肢力量训练

1.单手肩上传接球

两人一组，间隔2米，持球者双手轮换交替将球从左手经背后绕到右手进行单手肩上传球练习，接球者接球后按同样的方法传球。反复练习。

2.体侧传接球

两人一组，间隔2米，持球者双手交替将球从内向外绕大小腿后进行体侧传球，接球者接球后按同样的方法传球。反复练习。

3.两人连续投篮

两人各持一球，面向球篮平行站立，间隔2米，都做单手肩上投篮的准备姿势，听口令同时连续向前上方投篮，连贯完成伸臂、屈腕、拨球动作。两臂交替进行。

（二）腰腹力量训练

1.仰卧起坐碰球练习

一人两球，双手持一球，两脚夹一球，仰卧在垫子上做仰卧起坐练习，坐起后用手中的球碰两脚间的球。

2.低运球练习

持球坐在垫子上，两腿并拢离地，运球于腿侧，两腿分开时将球运于两腿间，反之亦然。

（三）下肢力量训练

1.连续起跳对板传接球

面对篮板站于篮下，双手抱球于胸前，对板传球，球从篮板弹回时，再向上起跳接球并在空中再向篮板传球。如此连续起跳传球。

对板击球时，两臂动作不要过大，主要靠两前臂在向上方伸出时压腕拨指完成，用力适宜，落点准确。

2.突破练习

两人各持一球，面对面站立，连续做突破“蹬、转、跨、探、放球”练习。练习时，两人同时用右手向对面同伴右侧传出反弹球，轻跳接球，同时以左脚为轴做向右的顺步突破动作。

（四）爆发力训练

1.双膝触肘

双脚快速起跳离地，跳至最高处时屈髋、屈膝。

（1）练习时连续快速垂直起跳。

（2）保持垂直平衡姿势。

（3）落地时，迅速屈髋、屈膝、屈踝。

（4）快速起跳，同时双膝尽量触肘。

2.跳起摸篮圈

连续快速起跳摸篮圈，尽量往高处摸。

（1）原地站立，目视篮圈。

（2）起跳并迅速屈髋、屈膝、屈踝。

（3）挥臂快速起跳，单手摸篮圈。

3.跳箱跳投

此练习能够训练弹跳力和提高接球及投篮技术能力。

（1）在选定的投篮区域内放一个跳箱。

（2）面对篮圈站在跳箱后面。

（3）同伴投球，位于跳箱及球篮之间。

（4）双脚跳上跳箱再向前跳下，落地前接同伴的传球。

（5）脚落地后，快速爆发式起跳投篮。

二、篮球速度训练方法

（一）上肢动作练习

1.手臂上下划弧

（1）肩部肌肉放松，手臂上举，肩部肌肉适度紧张，手臂向下时，肩部肌肉再次放松。

（2）手臂慢慢移动做上下划弧动作，体会肩关节的摆动。

2.站立摆臂

（1）两臂体侧前后摆动，肩部、手部肌肉保持放松。

（2）肘关节弯曲90°，以肩关节为轴，前后放松摆臂，向前摆臂不过胸，向后摆臂不过臀。

（3）随着不断的熟练，逐步加快摆臂速度。

3.坐立摆臂

（1）坐在地上，两腿前伸。

（2）两肘弯曲90°，前后摆臂，摆臂力量越大，速度越快，跑动时，异侧腿蹬地力量越大。

（二）下肢动作练习

跑动中腿部动作包括提膝、伸腿、蹬地三个阶段。练习方式如下。

1.提膝

（1）走动中提膝，脚前掌着地，身体呈一条直线，提膝腿的大腿平行于地面，支撑腿蹬地伸直。

（2）提膝腿大腿与地面平行时，两脚踝关节呈背屈状。

2.伸腿

（1）走动中提膝伸腿。

（2）脚落地后扒，后扒力量越大，地面反作用力越大。后扒可以防止脚在体前距离过远。

3.蹬地

（1）跑动中蹬地练习，先左脚蹬地2次，右膝上提2次，然后右脚蹬地，左腿提膝。

（2）蹬地时充分伸腿，尽量提高身体重心。提膝至大腿平行于地面时，两脚踝关节保持背屈状。

三、篮球耐力训练方法

（一）有氧耐力训练

1.中速往返跑

在篮球场上两侧底线之间来回中速跑，往返5次，间歇3分钟，再往返跑。可以采用踢腿跑、交叉步跑和侧身滑步跑等方式。

2.加速赶超

练习者站成两个平行纵队，两纵队最后一人听口令分别从外侧向排头快速跑，成为新的排头，队尾继续按同样方法向排头跑。所有人依次加速跑，保持60%强度。

（二）无氧耐力训练

篮球运动员的无氧耐力训练强度较大，强度大约95%，心率为180次以上/分钟，练习方法如下。

（1）快速转身追逐跑：两人一组，前后站立，间隔5米，都背对跑进方向，听口令同时转身，后者追前者，100米内追到则成功。追到后二人同时跑回起点位置，再继续进行追逐跑。

（2）快速连续跑30米、50米、80米、150米，间歇10～30秒。

（3）全速跑400米。跑的次数逐步递增。间歇1～2分钟。

（4）利用篮球场的横线往返跑。

（5）利用篮球场各横线往返运球上篮。

（6）在田径场地上进行变速跑，距离为2000～5000米，直道上快跑，弯道上慢跑。

四、篮球弹跳力训练方法

（一）连续垂直起跳摸高

（1）两脚开立，目视标志物。

（2）快速起跳，跳到最高点时伸出手臂摸标志物。

（3）落地时注意缓冲。

（二）连续跳台阶

（1）双脚并立，面向台阶。

（2）摆臂，为起跳助力，两脚快速蹬地跳上台阶，前脚掌触台阶即可，向后跳下后再次跳上台阶，连续跳，不断提高速度。

（三）侧向跳跃障碍

（1）两脚并立，站在障碍物一侧，目视落脚点方向。

（2）正对障碍物并跳起越过，落地后再侧对障碍物跳起越过。

（3）反复练习。

（四）连续起跳抢篮板球

（1）两人在篮板下左右平行站立。

（2）一人持球，向篮板抛球，另一人迅速起跳，在球到达最高点时触球，并按照同样的方式抛传球。两人不断跳跃传接球。

第三节 足球体能训练

一、前锋队员体能训练方法

（一）爆发力训练

1.跳栏架后接球射门

从距离罚球区线10米的场内位置开始，依次平行摆放5个高40厘米的栏架，相邻间隔50厘米。练习者从距离罚球区最近的栏架开始依次跳过5个栏架，教练员在罚球区向练习者传球，练习者接球后向罚球区附近运球射门。重复练习5次，间歇2分钟左右。

2.超负荷重量微蹲

手举杠铃，重量超过本人极限负荷的5%～10%，屈膝微蹲，直立，再蹲，重复3～5个，充分休息，然后再练习，共3组。

在该练习中，要将保护带缠在腰上，屈膝下蹲时屈髋角度≥130°，起立时稍提踵，教练员在一旁提供帮助与保护。

（二）起动速度训练

1.仰卧起身冲刺追球

两人一组，一名练习者在地上平躺，另一名练习者作为控球者向平躺者的身前传球，平躺的练习者快速站起接球，并向控球者开始传球的位置运球，两人互换位置和角色继续练习。每组重复8～10次，共做3组，组间间歇5分钟左右。

2.摆脱转身练习

如图5-1所示，两人一组，一人在标志物B的位置站立，将橡皮筋系在腰上，另一人在标志物A的位置站立，将橡皮筋一端拉紧，但不宜过紧，以不影响B处的练习者身体转动为宜。

练习开始，B处的练习者快速跑到标志物C处，然后快速转身向标志物A处返回，往返8次，间歇3分钟。两人互换位置与角色练习。

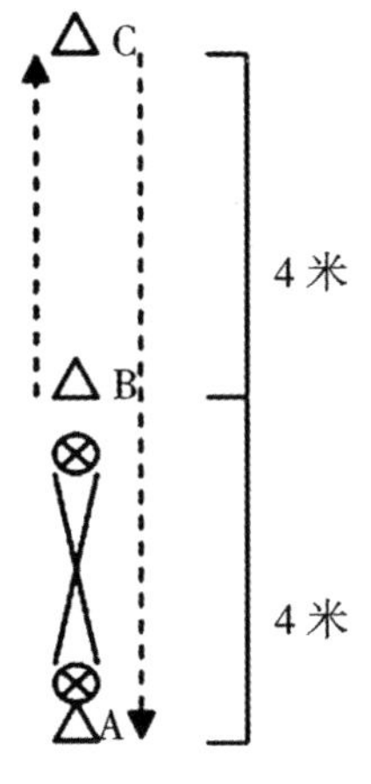

图5-1　摆脱转身练习[①]

（三）无氧耐力训练

1.快速抢球射门

两人一组，准备多个足球。在与罚球区线相距25米的场内位置并排放两个标志物，间隔5米。两名练习者分别站在两个标志物所在的位置。

练习开始，教练员向两名练习者身前大约10米的位置传球，两名练习者上前争抢接球，成功接到球的练习者向罚球区的方向运球，并在罚球区线外射门。重复10次，间歇30秒。

① 朱军凯.足球运动员的位置体能特征及其训练研究[M].银川：宁夏人民出版社，2017.

2.冲刺跑射门练习

如图5-2所示，罚球区域外有两条间隔5米的平行直线，第一条直线上有6个球，第二条直线上有6个标志物。练习者站在与第二条线相距20米的位置。

练习开始，练习者快速跑向最右侧的标志物处，绕过标志物，右脚踢最右侧的球射门，射门后向后退到第二条直线处转身冲刺向起点跑，然后按同样的方式踢右侧第二、三个球射门。再返回起点，冲刺跑向最左侧的标志物，绕过标志物，左脚连续踢左侧的3个球射门，返回起点，练习结束。

将6个球全部射门为一组，重复练习3组，间歇5分钟。

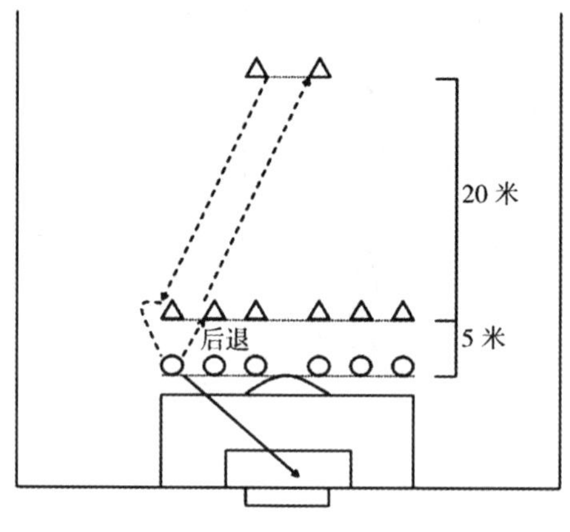

图5-2　冲刺跑射门练习

二、前卫队员体能训练方法

（一）加速跑速度训练

1.转身进攻练习

如图5-3所示，练习者手持实心球在起点的标志物处做好准备，侧向移动至5米远处的另一个标志物，在保持一定跑速的前提下向左、右任意一侧10远处的标志物跑动，到达标志物位置后放下实心球，继续快速跑向同侧远处的标志物，到达最后一个标志物位置后原方向快速跑回，再向另一方向重复练习一次。两次为一组，共6组，组间间歇3分钟。

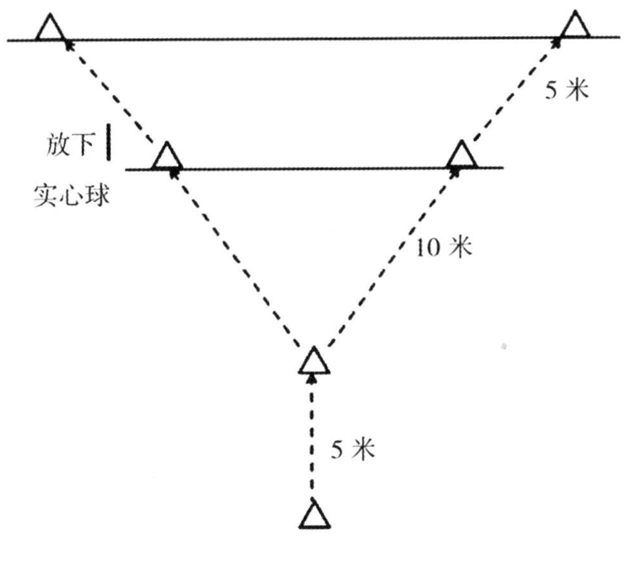

图5-3　转身进攻练习

2.传接球练习

如图5-4所示，两人一组，练习者②从标志物C的位置向B的位置传球，练习者①从标志物A的位置快速向B处跑动接球。②将球传出后移动到标志物D或E的位置。①接球后向②的移动路线上传球，然后快速转身跑向球门方向，②接球并向①的跑动路线上传球，①接球后向球门标志物的位置运球。二人互换位置重复练习。

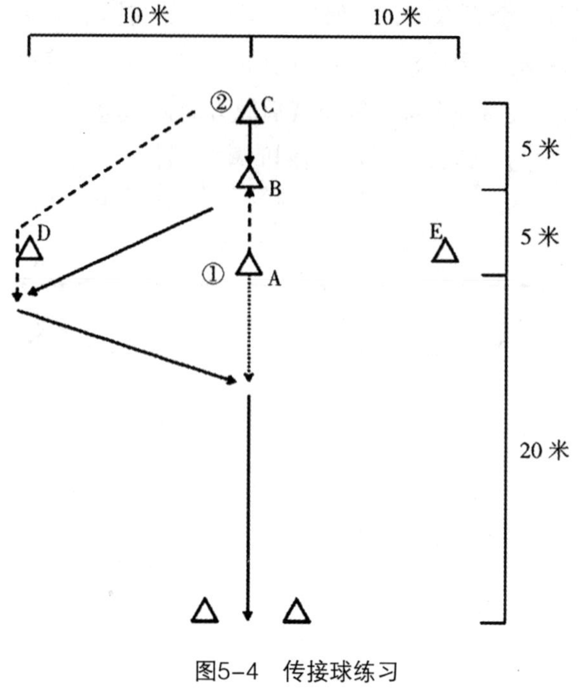

图5–4　传接球练习

（二）有氧耐力训练

前卫队员的有氧耐力训练主要采用间歇练习法和持续练习法，以中小强度为主。具体练习手段如下。

1.耐力跑

如图5–5所示，在足球场上画一个长75米，宽50米的长方形场地作为练习场地，周长为250米，在四个角各放一个标志物。练习者从一个标志物处开始匀速跑10圈，共2 500米，要求用时不超过10分钟。共跑3次，间歇5分钟。

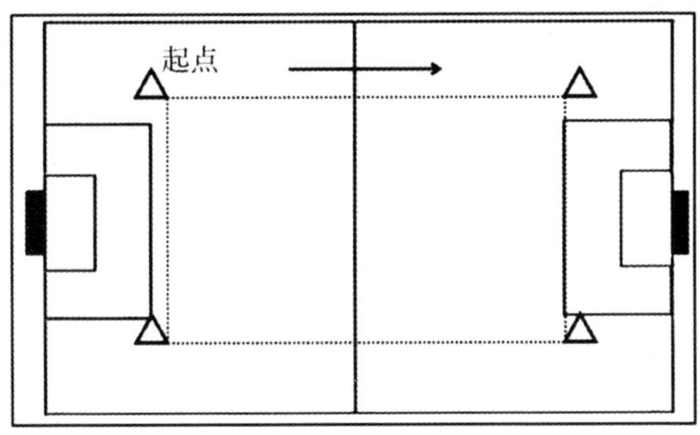

图5-5　耐力跑

2.半场区域传抢球

将练习者分为两组，每组各6人，在足球场地的半场区域进行人盯人传抢球练习，传球节奏为3次短传+1次长传，每名练习者都应该有两三次触球机会。每节15分钟左右，共练习3节，间歇时间约为5分钟。一组连续传球超过10次得1分，最后得分多的组获胜。

在该练习中，由于人数较多，每位练习者触球机会不多，所以要灵活调整规则，但前提是不能中断练习过程。

三、后卫队员体能训练方法

（一）爆发力训练

1.正面跳起争顶

如图5-6所示，3人一组，在长25米，宽15米的场地上进行练习，作为接球者的①和作为传球者的②的站位间隔20米，站在①身后的练习者③担任防守者角色。

练习开始，练习者②用斜过顶高球的方式给①传球，③看到来球后立即跳起用头顶球的方式阻止①接球，①跳起接球的同时也要干扰③，以免球被截断。练习一段时间后三人交换角色和位置重复练习。

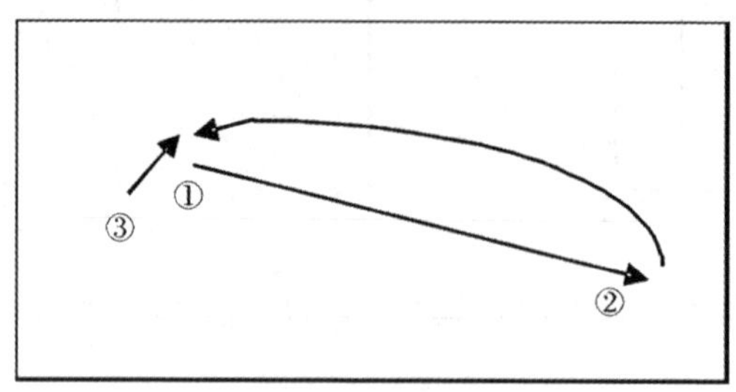

图5-6　正面跳起争顶

2.后退跳起争顶

如图5-7所示，将练习者分为两个队，一个进攻队，共4人，一个防守队，共2人，再安排一名练习者担任守门员。①和②作为进攻队的队员分别站在罚球区顶角外侧接近边线的位置，用传高球的方式依次向罚球区内与远侧后门柱间隔10米处传球，同队的另外两名队员③和④依次头球抢点射门。防守队的两名队员△各自负责对一名进攻队员进行防守，依次跳起争顶头球，从而打破进攻者的传中球意图，争取将球逼到罚球区顶角外侧。练习一定时间后，互换角色与位置重复练习。

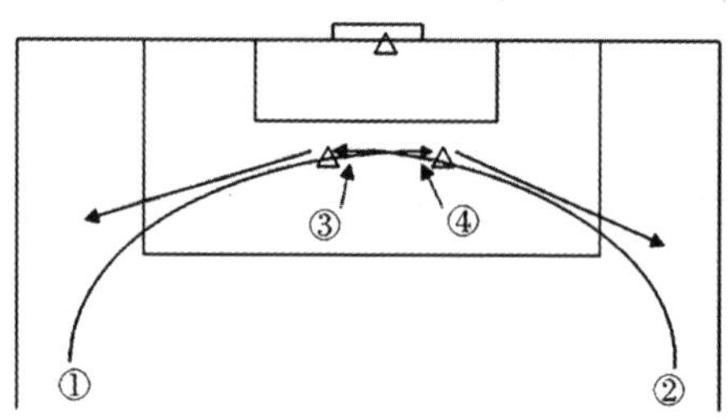

图5-7　后退跳起争顶

（二）绝对速度训练

1.快速踢解围球

如图5-8所示，长堤上有众多标志物△，练习者主要在标志物A和B之间来回侧向移动，移动过程中要背对其他标志物，并注意听教练员口令，当教练员指出练习者身后的任一个标志物号码时，练习者迅速转身向标志物的位置跑动，并在标志物处做模仿踢球动作，之后再慢速跑到起点处。连续5次为一组，共练习3组，组间间歇2分钟。

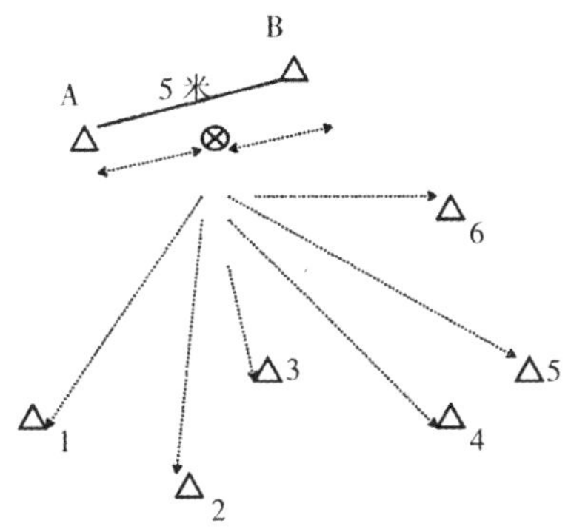

图5-8　快速踢解围球

2.斜线回追转身踢球

如图5-9所示，两人一组，①向②的身后斜传球，②迅速转身追球，追到后转身直线踢球，尽可能踢到远处。练习一定时间后，二人互换位置重复练习。

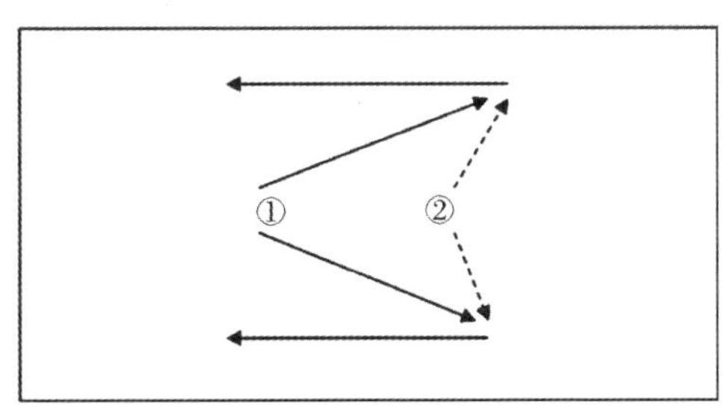

图5-9　斜线回追转身踢球

（三）无氧耐力训练

1.短距离追逐跑

如图5-10所示，教练员发出信号后，队员①追队员②，当他们脚踩踏C线时立即转身返回，此时队员③和队员④分别追逐队员①和队员②，跑过B线为安全区域。

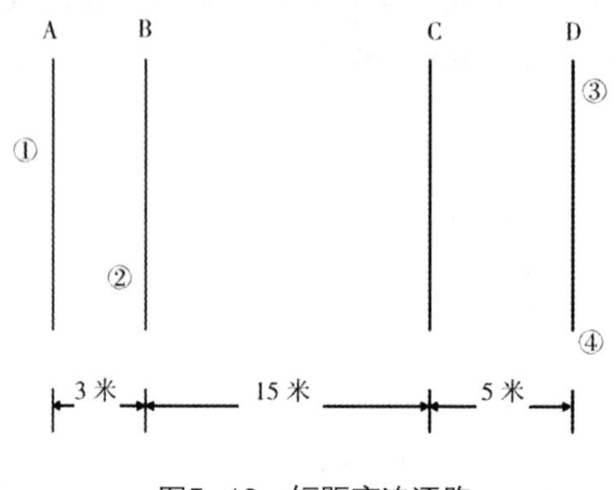

图5-10　短距离追逐跑

2.快速转身追球射门

两人一组，背对球门站在中线，其中一人控球，教练员站在练习者前方5米处的中间位置，控球者向教练员传球，教练员接球后以传地滚球的方式向球门方向传球，两名练习者迅速转身冲刺追求，追到球者立即射门，然后返回。重复练习。

四、守门员体能训练方法

（一）爆发力训练

1.跳起接球

（1）向守门员的头上方抛球，守门员从静止开始爆发性地跳起接球。

（2）向守门员身边、身前或身后抛球，守门员快速移动后跳起接球。

2.“跳深”后扑接球

放置一个高60～80厘米的凳子，守门员从凳子上跳下，接着扑接体侧方向的来球。

3.连续跳跃障碍扑接球

准备一个球和一个40厘米高的栏架，球和栏架间距约50厘米，守门员连续跳过球、栏架，紧接着扑接身体侧面的来球。

以上练习手段的负荷要求如下：

训练强度：100%；

练习量：8～10次/组，共3～5组；

间歇时间：次间10～20秒，组间3～5分钟。

（二）速度训练

1.反应速度

（1）听信号扑接球

四五名队员各一球，同时在距离罚球区线10米的场内位置向球门方向运球，到达与罚球区线相距两三米的位置时，听信号依次快速完成射门动作，动作要突然、迅速，守门员快速反应，连续扑接来球。

（2）转身接球

练习者在距离足球墙约5米的位置站立，身体背对足球墙，教练员向练习者掷反弹球，同时大声发出口令——“转身”，练习者快速反应，转身接反弹到身边的球。反复练习。

（3）连续扑接球

5名队员站成一个横排，相邻队员间隔3米距离，所有人同时向球门方向运球，接近罚球区线时，从左到右依次快速射门，守门员快速反应，起动扑接球。

以上练习手段的负荷要求如下：

训练强度：100%；

练习量：8～10次/组，共2～4组；

间歇时间：次间10～20秒，组间2～3分钟。

2.起动速度

（1）方形冲刺跑

画一个边长为10米的正方形场地，场地的4个角和场地中央各放一球，练习者站在正方形场地的中心位置做好准备。

练习开始，练习者听教练员口令向场地其中一角冲刺跑并触球，然后跑回中心位置再触球，接着继续听信号向另一角冲刺跑、触球，直至跑完4个角。练习过程中跑的方式可以变化，如向4个角跑时采用向前冲刺跑、侧向跑等，返回中心位置时采用后退跑等。

（2）倒地接球快速移动

准备若干足球，教练员站在球门左侧，与守门的练习者相距10米左右，教练员向练习者抛踢球，练习者倒地扑接球后起身向球门右侧斜线冲刺跑，准备接下一个球。在练习者接球的过程中，教练员跑向球门右侧与练习者开始位置相距8米的地方，再向练习者掷地滚球，练习者接球并回传，然后退回开始位置。反复练习。

（3）快速追球

练习者与教练员背对而立，相距3米，教练员向练习者身前约8米处抛球，练习者快速反应，冲刺接球，然后回到原位，教练员反复抛球，练习者不断地接球。

以上练习手段的负荷要求如下：

训练强度：100%；

练习量：4～8次/组，共2～4组；

间歇时间：次间10～30秒，组间3～6分钟。

（三）灵敏—协调能力训练

1.滑动扑球

练习者坐在罚球区域内，与球门保持一定距离，教练员向练习者两侧有节奏地交替传球，练习者滑动前移扑救球，直至移到球门处后再退回原位继续练习。

2.弧线移动

在球门前画一条弧线作为守门员的移动路线，若干练习者在距离球门线12米的位置围成一个半圆，每人各持一球依次用手或脚向位于球门附近弧线上的守门员传球，守门员快速沿弧线移动接球。

3.前后绕障碍移动倒地

在足球场罚球区内用标志物标出两个不规则的障碍区，两个障碍区一前一后，每个障碍区的障碍物都是前后摆放。练习者站在两个障碍区中间。

练习开始，练习者快速依次绕过前面障碍区的各个标志物，这时教练员向练习者连续抛踢地滚球，方向多变，练习者快速倒地接不同方向的球。接若干球后，练习者回到原位，再快速依次绕过后面障碍区的各个标志物，此时教练员再连续给练习者抛踢若干地滚球，方向变化不定，练习者快速倒地接球。

第四节　健美操体能训练

一、健美操力量训练方法

（一）上肢力量

1.双杠臂屈伸

双手握杠，先充分伸展手臂，然后屈臂夹肘，身体垂直向上，再还原，反复练习。

此练习有以下几种变化形式：

（1）脚或腰负重练习。

（2）借助健身球、吊环等器械练习。

（3）以不固定的节奏练习。

2.俯卧撑组合

双手同肩宽俯撑在地，手指朝前，两臂、两腿都充分伸直，两脚并拢，脚跟提起；屈肘，身体下沉至躯干比肘关节稍低，然后伸直手臂还原，重复练习4～8组。每组包含以下四个八拍：

第1个八拍：俯卧撑连续做4次。

第2个八拍：俯卧撑屈肘控制。

第3个八拍：左右移动俯卧撑各1次。

第4个八拍：同第2八拍。

（二）下肢力量

1.肩负杠铃1/4蹲跳

双手以宽握距举起杠铃放到头后肩上，双脚开立与肩同宽，上身挺直，屈膝1/4，腿部肌肉收缩发力，两脚同时起跳至离地3～5厘米，落地缓冲。反复练习。

2.杠铃弓箭步抓举

两手抓握杠铃向上举起，同时做左弓箭步姿势，然后还原，再举起杠铃，同时做右弓箭步姿势。反复练习。

（三）躯干力量

1.俯卧体后屈

在垫子上做好俯卧的准备姿势，髋、腿完全着地，脚保持固定不动，两臂向前举起，上体同时抬起到最大高度，保持片刻，还原。反复练习。

该练习有以下几种变化形式：

（1）手持轻器械，或将沙袋绑在手臂或腰上进行负重俯卧体后屈练习。

（2）俯卧，做双手抱头体后屈练习。

（3）练习时动作节奏多变。

2.左右转体

两人一组，背靠背坐在地上，两腿分开，手臂侧平举互相拉住对方的手，两人同时向左转体，力度稍大一些，转到最大程度后保持几秒钟，然后还原，再向右侧转体，下肢始终保持固定姿势。

二、健美操速度耐力训练方法

（一）花式跳绳

进行跳绳练习，如单人跳、双人跳、带人跳，跳绳时身体始终正直，每一组都要连续跳，不能中断。练习负荷要求如下：

练习强度：55%～60%；

练习数量：30～40次/组，共5组；

间歇时间：组间5分钟。

（二）跳与跃组合

将健美操竞赛规则中的跳与跃两类动作组合起来循环练习，练习过程中身体姿态始终保持准确、规范，不断增加练习难度。练习负荷要求如下：

练习强度：55%～60%；

练习时间：4～6分钟/组，共5组；

间歇时间：组间10分钟。

（三）成套练习

循环练习成套动作，包括难度类动作，练习过程中身体姿态始终保持准确、规范。练习负荷要求如下：

练习强度：55%～60%；

练习数量：1～2套/组，共5组；

间歇时间：组间5分钟。

三、健美操柔韧性训练方法

（一）手撑横叉

两脚左右分开成横叉，上体俯身前屈，双手支撑在地，上体放松，两腿不要屈膝。练习负荷要求如下：

练习强度：100%；

练习时间：15～30秒/组，共3组；

间歇时间：组间2分钟。

（二）纵叉

两脚前后开立成纵叉，两腿伸直，上体前屈并放松，保持片刻，还原，反复练习。练习负荷要求如下：

练习强度：100%；

练习时间：15～30秒/组，共3组；

间歇时间：组间2分钟。

四、健美操平衡力训练方法

将健美操竞赛规则中规定的平衡动作单独提出来进行练习，练习时间逐渐增加。练习内容主要包括平衡类动作、转体类动作、高踢腿类动作、劈腿类动作等。

练习负荷要求有以下两种情况：

练习负荷一：

练习强度：90%；

练习时间：12～20秒/组，共5组；

间歇时间：组间3分钟。

练习负荷二：

练习强度：100%；

练习时间：8～12秒/组，共3组；

间歇时间：组间4分钟。

第五节　游泳体能训练

一、游泳力量训练方法

（一）橡胶带拉力练习

利用橡皮胶带进行拉力练习，模拟水中划水动作，增强肌肉力量。如蛙泳划臂：在横梁上系上橡皮胶带，俯身，双手抓橡皮胶带两端，两臂同时“划水”，像游蛙泳一样。根据器材弹性调整拉橡皮胶带的长度，共5组，每组30次左右，或每次45秒，共5次。

（二）水槽训练

在水槽中固定位置以最大速度进行游泳练习，保持最快速度，教练员在一旁用声音或手势反馈问题，练习者及时调整游速。每次持续30秒，共10～18次，间歇2～3分钟。

（三）牵引水桶训练

将一个重量适宜的水桶（以6千克为宜）绑在身上，负重快速游进，强化肌肉力量。练习距离为25米，通过短距离练习有效增强练习者的爆发力和无氧耐力。

二、游泳速度训练方法

（一）短冲训练

短冲训练的主要供能方式是磷酸原系统供能，能够有效提升无氧代谢能力和游进速度。练习时，每组蹬边10～25米，出发15～25米，重复5组，间歇1分钟。

（二）转身速度训练

（1）连贯进行转身动作练习，如在距离池壁10米的位置练习转身。重复练习。

（2）进行完整游泳练习，游进过程中多转身几次，动作既快又准，提高转身动作速度和动作质量。

三、游泳耐力训练方法

（一）有氧耐力训练

（1）以爬泳方式匀速或变速游3 000米。

（2）爬泳练习，距离：10×400米，时间：每组5分20秒（游泳时间4分50秒+休息30秒）。

（3）爬泳练习，距离：20×200米，时间：每组2分45秒（游泳时间2分30秒+休息15秒）。

（4）爬泳练习，距离：5×1 000米，时间：每组13分钟（游泳时间12分30秒+休息30秒）。

也可以采用爬泳与仰泳交替的方式进行上面的练习，转换泳姿时不得影响游泳技术。

（二）无氧耐力训练

1.短冲训练

短冲训练是以最快速度全力完成训练，以无氧供能为主，有助于发展速度素质，尤其是绝对速度。

训练方法示例见下表：

表5-1　短冲训练方法示例

距离	速度	间歇时间
12.5米	90%～100%速度	12～25秒
	90%～95%速度	8～10秒
25米	95%～100%速度	30～40秒
	90%～95%速度	25～35秒
50米	95%～100%速度	60～90秒
	90%～95%速度	50～80秒

2.重复训练

以无氧代谢为主，侧重发展速度耐力。

发展速度的练习：4×50米全速游或逐渐加速游。

发展速度耐力的练习：4×100米，3×200米，（2～4）×400米，间歇3～5分钟，强度95%～100%。

四、游泳灵敏训练方法

（一）抓边转身

面对池壁，两手抓在池边。屈臂，身体上拉，屈膝，团身，向上提腿，两脚贴壁。连贯完成转体、侧倒、甩头、摆臂等动作，上体入水后快速蹬离池壁滑行。

（二）完整蝶泳转身

向池壁游进，做完整的蝶泳转身技术动作，蹬离池壁后向前滑行，滑行中多次打腿，增加身体浮力，身体全部浮在水面后划水游进。

第六章　趣味体能训练方法指导

体能训练是比较枯燥的身体活动过程，采用传统单一的训练方法不仅会影响训练者的积极性，而且最终影响体能训练的效果，导致难以达到预期的全面发展身体素质的目标。加强对体能训练方法的改革创新，将趣味训练法引入体能训练中，对提升训练者训练的积极性、提升体能训练效果、实现体能发展的目标具有重要意义。本章重点探讨两种趣味体能训练方法，一种是游戏类训练方法，另一种是使用器械的体能训练方法。在实践运用中可以将二者结合起来，从而获得强化体能训练的趣味性和较好的实际效果。

第一节　体能游戏训练方法

一、力量素质游戏训练法

（一）背靠背

1.游戏目的

发展力量素质。

2.游戏准备

在平坦场地画3条间隔1米的平行线。

3.游戏方法

将练习者分为两组，背对背站在中线两侧，前后背对的两人体重必须相近，二人互挽手臂。

游戏开始，每对互挽手臂的练习者背顶背向边线外挤对手，成功挤出得1分。时间2分钟，得分多的组获胜。

4.游戏规则

（1）只能背顶背挤对方，不能用头撞。

（2）不能用背以外的其他身体部位影响对方。

（3）不能左右躲避。

（二）投“手雷”（道具）

1.游戏目的

发展上肢速度力量。

2.游戏准备

平坦场地，10个软式手雷，彩尺。

3.游戏方法

10名练习者在投掷线后站成一列纵队，各持一个“手雷”，排头两脚前后开立，屈后腿，左臂前伸，右手持手雷高举，目视前方。

游戏开始，排头右手臂由后向前用力掷出“手雷”，测量第一落点与起始线之间的距离并记录成绩。后面的练习者依次投掷“手雷”，投掷距离最远者获胜。

4.游戏规则

（1）练习者前脚不得踩线。

（2）所有人都用右手投掷“手雷”。

（3）投掷距离最短者接受惩罚。

（三）后抛实心球转身跑

1.游戏目的

发展上肢力量和躯干力量。

2.游戏准备

平坦场地上画两条跑道，长30米、宽5米。两个实心球。

3.游戏方法

练习者分为两组，分别在跑道的起跑线后排成一列纵队，排头背对运动方向，两脚左右开立，双手持实心球放于体前。

游戏开始，两组排头屈膝同时向身后抛球，然后迅速转身追球，捡球后再背对运动方向屈膝向后抛球，再次转身捡球，直至将球抛到终点线。最后持球快速跑到起点，将球交给本组第二人。第二人按同样的方法进行游戏，直至两组所有人都完成游戏。用时少的一组获胜。

4.游戏规则

（1）两组练习者的实心球重量相等。

（2）追到球后，要在追球位置继续向后抛球，不能持球向前跑。

（3）只能向后抛球，不能前抛、侧抛。

（4）若球抛出后落在对方跑道，捡起回到起点重新开始。

（四）水鸭上岸

1.游戏目的

增强下肢力量。

2.游戏准备

平坦场地上前后依次摆放4根标志杆（间隔10米左右）。

3.游戏方法

将所有练习者均分为两组，分别在起始线后排成一列纵队。

游戏开始，两组排头从起点开始依次用小鸭步走、马步走、小步纵跳、跑步四种方式通过标志杆到达终点。前一人到达终点后，下一人按同样的方法到达终点，直至两组练习者全部都到达终点，游戏结束，用时最少的一组获胜。

4.游戏规则

不同路段的前进方式要求如下：

起点到第一根标志杆：鸭步走；

第一、二根标志杆之间：马步行走；

第二、三根标志杆之间：纵跳方式（步子小）；

第四根标志杆到终点之间：小步跑。

（五）地滚铅球

1.游戏目的

增强手臂力量。

2.游戏准备

在平坦场地上画一个直径大于15米的圆圈，准备若干铅球。

3.游戏方法

将所有练习者分为两组，各自在起点线后排成一列纵队，每人持一球。在场地中间不规则地摆放几个铅球。

游戏开始，两组排头将手中的铅球掷出，尽量将场地上的铅球击出终点线，掷出球后跑到本队队尾，后面的练习者依次击球。2分钟内击出终点线的球多的一组获胜。

4.游戏规则

（1）必须用地滚球的方式击球出线。

（2）不得相互干扰。

（六）传掷前进

1.游戏目的

发展腰腹肌力量。

2.游戏准备

平坦场地，沙包。

3.游戏方法

将所有练习者分为两组，各自在起点线后站成一列纵队，排头将沙包夹在两脚间，做好准备。

游戏开始，两组排头同时用腰腹部发力掷出脚间的沙包，然后跑向沙包的落点处，再次用两脚夹起沙包掷出，直到将沙包掷出终点线，然后捡起沙包抛给本队第二人，第二人按同样的方法掷沙包，直到两组所有人都将沙包掷出终点线，用时少的一组获胜。

4.游戏规则

（1）只能用双脚夹沙包掷出。

（2）沙包到达终点线外后，只能双手或单手持沙包从空中抛给队友，不得用手拿沙包跑回去。

（3）两组练习者不能干扰对方。

二、速度素质游戏训练法

（一）沿线追击

1.游戏目的

提升反应速度和动作灵活性。

2.游戏准备

排球场或篮球场，1～2个排球或篮球。

3.游戏方法

场上有1～2名追击者，各持一球。另有若干名被追击者。所有人站在场地四周边线上做准备。

游戏开始，追击者持球追击他人，追到后将球交给对方，与其互换角色继续游戏。

4.游戏规则

练习者只能沿线跑动，不能出线，也不能跨线。

（二）呼号扶棒

1.游戏目的

提升快速移动速度和反应速度。

2.游戏准备

在平整场地上画一个半径3米的圆，1根体操棒。

3.游戏方法

若干名练习者相互间隔一定距离站在圆圈弧线上，面向圆心，从其中一人开始依次报数，圆的中心有一名练习者手拿体操棒。

游戏开始，圆心处的练习者喊出一个号数后，立即松手跑向对应的练习者，被呼的练习者冲刺跑向圆心处扶棒，在棒落地前接到则成功，若棒落地，则接受惩罚。无论成功与否，都要持棒站在中心处，再喊一个号数，直至所有练习者都被呼号后游戏结束。

4.游戏规则

（1）持棒者松手时动作要轻，防止体操棒倾斜倒地。

（2）扶棒失败者做俯卧撑。

（三）赶“鸭子”

1.游戏目的

提高反应速度和灵敏素质。

2.游戏准备

在平坦场地上画一个大小适宜的圆，1根长竹竿。

3.游戏方法

一人作为“赶鸭者”站在圈外，其他练习者站在圈内，“赶鸭者”持竹竿一头，另一头在地上来回扫动追击圈内人，“赶鸭者”来回跑动扩大追赶范围，圈内的练习者用跑或跳的方式躲闪，但不能出圆圈，被打到者与“赶鸭者”互换角色，继续游戏。

4.游戏规则

（1）“赶鸭者”必须用竹竿一头来回扫动追赶。

（2）圈内人不能出圈，否则犯规，充当“赶鸭者”角色。

（四）拉轮胎跑

1.游戏目的

发展力量、移动速度和耐力等身体素质，培养坚强的意志品质和集体主义精神。

2.游戏准备

两条30米跑道，两个轮胎（带拉绳）。

3.游戏方法

将所有练习者均分为两队，各自在跑道的起点线后排成一列纵队，排头一手抓着轮胎绳置于肩上，做好准备。

游戏开始，两组排头同时起动拉着轮胎向前跑，到达终点线后再拉着轮胎跑回队伍，轮胎过起始线后，第二人接过轮胎绳子按同样的方法进行游戏。直至两组所有人都完成练习，游戏结束，用时少的一组获胜。

4.游戏规则

（1）不得抢跑。

（2）轮胎全部过终点线后才能转身返回起始线，否则返回重新开始。

（3）返回时轮胎全部过起跑线后才能交给下一人，否则回到终点线重新返回。

（4）两组练习者不得相互干扰。

（五）人群中穿梭

1.游戏目的

提升快速奔跑能力、身体灵巧性以及控球能力。

2.游戏准备

标准篮球场，若干篮球。

3.游戏方法

多名练习者间隔一定距离，各持一球在球场上做好运球准备。

游戏开始，所有人在场地内运球穿梭，迎面遇到其他练习者时采用转身、变向运球、胯下运球、背后运球等方式躲闪，若在运球穿梭或躲闪时没有控好球，则自觉跑到场地外做15个俯卧撑。

4.游戏规则

（1）只能在场地内运球穿梭。

（2）只能在移动中运球，不得原地运球。

（3）不得故意妨碍他人。

（六）警匪大战

1.游戏目的

发展动作速度和反应速度，提升快跑能力。

2.游戏准备

平坦场地。

3.游戏方法

画两条平行线，间隔3米，分别为警察和匪徒的活动区域。在两条平行线外间隔20米远处再画两条线，作为安全线。准备显眼的警察标志牌和匪徒标志牌。

将练习者分为人数相同的两队，一队为警察队，另一队为匪徒队，两队能力均衡，两队各自在自己的平行线外侧按两臂间隔排成横队，两队人员面对面。

游戏开始，所有人都成站立式起跑姿势，指导员手中拿着警察标志牌和匪徒标志牌随意变化，然后突然将某个牌子高高举起，标志牌所示的一队快速向后转身逃跑，另一队也迅速转身追赶，在20米之内追到则有效，成功追到后被追方背着追方回到起点。

4.游戏规则

（1）指导员高举牌子后，相应队伍的选手才能起动转身跑，不得抢跑，否则给予惩罚。

（2）被追者跑过安全线后，追者停止追逐，并将被追者背回起点。

三、耐力素质游戏训练法

（一）守卫家园

1.游戏目的

提升有氧耐力和反应速度。

2.游戏准备

平坦场地。

3.游戏方法

所有练习者手拉手围成一个圆形并正对圆心。指导员站在圆圈外，安排两名练习者，一人在圈内，另一人在圈外。

游戏开始，圈外的练习者绕着圆圈队形跑动，试图进入圆内，圈内的练习者在圆圈中跑动防守，阻止其进入。若圈外练习者成功进入圈内，则与圈内人互换角色，继续游戏，此时的圈外练习者如果成功进入圈内，则与圈内练习者都回到圆形队伍中，再换另外两名练习者继续游戏。直到所有练习者都完成比赛。

4.游戏规则

（1）圈外练习者只能沿圆圈队形跑动。

（2）圈内练习者只能在圆圈内防守，不得出圈。

（3）使所有练习者都体验一次圈外跑和圈内阻拦的角色。

（二）螃蟹横走

1.游戏目的

发展大负荷运动耐力，提升意志力。

2.游戏准备

平坦场地。

3.游戏方法

所有练习者在起点线后排成两列纵队。

游戏开始，两队排头同时屈膝下蹲，两臂在体侧平展，背靠背侧对终点统一向前走。到达终点后，两人左右互换位置，统一返回起点，与下两位练习者击掌，下两位练习者按同样的方法进行游戏，直至所有人都返回起点。

4.游戏规则

（1）指导员发出“开始”口令后，才能屈膝下蹲向前走。

（2）两人在行进过程中始终保持背靠背姿势。

（3）同行的两人必须步调一致。

（三）相持对战

1.游戏目的

提升上肢力量耐力。

2.游戏准备

平坦场地。

3.游戏方法

将所有练习者分为两队，面对面站成两排，前后相距1米。

游戏开始，正面相对的两人同时将手臂向前伸展，手掌相对，一侧腿屈膝成弓步，二人用手掌互推对方，直至将一方推出指定区域。被推出者背着胜利者返回原位。

4.游戏规则

（1）双方僵持时任一方都不能躲闪。

（2）比赛过程中双方不能松开手掌。

（四）跳跳鼠

1.游戏目的

提升下肢肌肉耐力和跳跃能力。

2.游戏准备

平坦场地，在起始线和终点线中间区域摆放若干标志杆，若干排球。

3.游戏方法

将所有练习者分为两队，在起跑线后背靠背站两横排，两队站位均与起跑线平行。从最右侧开始，两人互挽手臂，屈膝下蹲，指导员在二人背部中间放一个排球。

游戏开始，两人配合向前跳，遇到标志杆时绕过，最终到达终点线，然后再返回，同样绕过途中标志杆。回到起点后将球交给下一组练习者，按同样的方法游戏，直至所有人都完成任务。

4.游戏规则

（1）两人必须配合完成游戏。

（2）若球在中途掉落，原地捡起，放好后再继续。

（3）返回时，之前在后面的练习者在前面跳，之前在前面的练习者在后面跳。

（五）你跳我跟

1.游戏目的

发展跳跃耐力。

2.游戏准备

平坦场地，若干跳绳。

3.游戏方法

将所有练习者分为甲、乙两队，在起点线后成面对面平行站位，两队间隔30米。

游戏开始，甲队第一人原地双脚跳绳，累计连续跳绳的次数。跳绳中断后，快速跑向乙队将跳绳交给第一人，乙队第一人接绳后原地双脚跳绳，跳绳次数和甲队第一人相同。跳够次数后将跳绳交给本队第二人，第二人双脚跳绳至中断后，交给甲队第二人跳与其同样的次数，以此类推，直至所有人都跳完。

4.游戏规则

（1）每队每人只能跳一次，中断后立即将跳绳交给他人。

（2）跳绳方式只能采用原地双脚跳，采用其他跳绳方式的跳绳次数不计入总次数。

（六）单足跳追捕

1.游戏目的

发展弹跳力和耐力。

2.游戏准备

平坦场地，秒表。

3.游戏方法

画一个很大的圈作为游戏区域，练习者中有两人为追捕者，其他人为被追捕者。所有人在圆圈内分散开。

游戏开始，追捕者单脚跳追捕他人，用手碰到被追捕者的任何部位都算追捕成功，被追捕到的人与追捕者互换角色。游戏时间10分钟。

4.游戏规则

（1）追捕者只能用单脚跳的方式在圆圈内追捕他人，在追到他人前抬起的脚不能着地，两脚可交替跳。

（2）被追捕者不能踩圆圈弧线。

四、综合素质游戏训练法

（一）抢球大战

1.游戏目的

提升应变能力和灵敏、协调素质。

2.游戏准备

在边长10米的正方形场地中心摆放9个排球。

3.游戏方法

（1）练习者均分为4组，每组按顺序排号，分别在正方形场地的4个角排成一列纵队。

（2）各组1号队员两脚前后开立，听口令跑向场地中间拿球，持球返回后放下球，再去场地中心拿球。

（3）若场地上已经没有球，可以去其他组拿球，每次只拿一个，返回放到场地角上，直到某一组场地角上出现3个球为止。

（4）将球全部放到场地中心，各组2号队员再按同样方式抢球，以此类推，直到所有练习者都完成游戏，最后取得3个球次数最多的组获胜。

4.游戏规则

（1）练习者每次只能拿一球。

（2）游戏过程中只能拿球和放球，不能抛、踢球。

（3）游戏过程中不要干扰其他组的练习者。

（二）时代列车

1.游戏目的

提升身体灵巧性和协调能力。

2.游戏准备

在平地上画一条线为起点线，距离起点线30米处画一条平行线作为终点线。用报纸粘连制造4列“时代列车”，平行放在起点线后。

3.游戏方法

练习者平均分为4组，每组至少10人，各组蹲或站在各自的“时代列车”内。游戏开始，各“时代列车”中所有“乘客”集体通过手脚配合让“列车”前进，最先通过终点线的一组获胜。

4.游戏规则

（1）不得抢先移动。

（2）每位“乘客”不得用任何身体部位触碰“列车”外地面，否则重新开始。

（3）中途如遇“列车”断开，原地修好后继续前进。

（4）每个“列车”中最后一名“乘客”通过终点线才算完成任务。

（三）障碍接力

1.游戏目的

提升灵巧性、协调性、柔韧性和速度耐力。

2.游戏准备

平坦场地，20个小栏架，两个呼啦圈，两块海绵垫。

3.游戏方法

将小栏架摆放成两列，间距适宜，每列10个。最后一个栏架前均放一个呼啦圈，与呼啦圈间隔5米的位置各放一块海绵垫。

练习者分为两组，各组在起始线后面向一列栏架站成纵队，游戏开始后，各组排头双脚连续跳过10个栏架，跑到呼啦圈处连续转10圈，再跑到海绵垫上做前滚翻，最后从外侧返回起点与第二人击掌，第二人按同样方法进行游戏，直至所有人都完成游戏。最先完成的一组获胜。

4.游戏规则

（1）必须是双腿跳起跃过栏架，不能绕过去。

（2）后面练习者要与返回的同伴击掌后才能出发，不能提前起动。

（四）插旗

1.游戏目的

发展速度耐力，培养集体主义精神。

2.游戏准备

平坦场地，秒表，标志杆，小旗，玻璃瓶。

3.游戏方法

画两条平行线，间隔30米，分别为游戏的起点线和终点线。所有练习者分为2组，各组在起点线后站成2列纵队，排头各持一面小旗。从两组排头的前10米处开始到终点线之间依次摆放5个玻璃瓶（两组队员前面都有5个玻璃瓶），玻璃瓶前后间隔4米，左右间隔距离和两个队伍的间距相同。将一根标志杆置于终点线。

游戏开始，排头快速起跑，到玻璃瓶的位置时弯腰将小旗插入瓶中，依次在5个玻璃瓶中都插入小旗，最后跑到终点时绕过标志杆返回本队，与本队第二人击掌，然后排到队尾。第二人快速跑向终点，沿途将瓶中的小旗全部收起，到终点时绕过标志杆跑回本队，将小旗交给第三人，依次进行，直至两组所有人都完成游戏，最先完成的一组获胜。

4.游戏规则

（1）听口令起跑，不得抢跑。

（2）若不小心弄倒了瓶子，当事人要立即扶起。

（五）四面夹击

1.游戏目的

发展灵敏素质和投掷能力。

2.游戏准备

平坦场地，若干沙包。

3.游戏方法

将练习者均分为4组，另外安排4人在规定位置站成一排。各组在起点线后排成纵队，排头手持沙包做好准备。

游戏开始，4组排头同时投掷沙包去击站在场内的人。被击中者跑到击者所在队伍的队尾，击者回到场内被击中者的位置上。依次游戏，直到所有练习者轮换一次角色。

4.游戏规则

（1）用沙包只能击场内人的腿或脚，不可击其他部位，否则视为无效。

（2）持沙包者只能在起点线外扔沙包，不可越线。

（3）场内人只能用跳，转身等方式来躲闪沙包，不能离开规定区域。

（六）白猫黑猫

1.游戏目的

发展快速反应能力和灵敏素质。

2.游戏准备

一块平坦场地。

3.游戏方法

所有人只喊“1”和“2”报数，喊“1”的为白猫，喊“2”的为黑猫。

所有参与者按一个“白猫”、一个“黑猫”的顺序排成一个圆形，站位为前后分布，均侧对圆心。

游戏开始，所有人在圆形弧线上朝同一方向纵跳，指导员大喊“白猫”或“黑猫”，对应的人员迅速侧向转身跑向圈外，其他人立即追出。如果指导员大喊“花猫”，则所有人快速向圆中心跑3步。

4.游戏规则

（1）追者追逐的过程中只能用手轻触目标，不可以用其他身体部位阻挡对方。

（2）如果没有按口令游戏，将接受惩罚。

第二节　使用器械的体能训练方法

一、哑铃训练

（一）体前提拉

1.练习目的

发展三角肌。

2.练习方法

两脚并拢，双手各握一个轻哑铃，两臂伸展下垂置于体前。大臂向上带动小臂弯曲折叠，提拉哑铃到胸前高度，两臂在一条直线上，保持片刻，慢慢还原。反复练习。

（二）站姿单臂后摆

1.练习目的

发展肱三头肌。

2.练习方法

两脚并拢，一手持小哑铃，两臂自然下垂落于体侧。负重手臂后摆至最大限度，保持片刻，慢慢还原。反复练习。

（三）哑铃上举下蹲起

1.练习目的

发展肱二头肌、三角肌。

2.练习方法

两脚开立同肩宽，双手各持一个哑铃在体侧上举至头顶高度，肘部弯曲接近垂直，大臂与躯体也基本垂直。两腿屈膝下蹲成半蹲，慢慢还原。反复练习。

练习过程中注意腰背部始终挺直，双手保持稳定。

（四）俯身单臂伸展

1.练习目的

发展旋前圆肌。

2.练习方法

两脚开立，腿伸直，一只手握哑铃置于体侧，上体俯身，使躯干与下肢、手臂与躯体都基本垂直。

持哑铃手臂向后伸展至最大程度，拳眼向上，坚持3秒，慢慢还原。反复练习。

（五）哑铃颈后臂屈伸

1.练习目的

发展肱三头肌。

2.练习方法

（1）坐在椅子上，挺胸收腹，双手握住哑铃一侧使其成竖着的状态。放松手腕，手臂充分向上举起，哑铃另一侧向下。

（2）手臂尽可能与耳朵贴近，以肘关节为圆心将哑铃向下放到头后，体会肱三头肌充分拉伸的感觉，慢慢还原。

（六）哑铃平板飞鸟

1.练习目的

发展胸大肌和三角肌前束。

2.练习方法

（1）在窄凳上平躺（上体和大腿在凳子上），小腿绷直使身体保持稳定，双手各持一个哑铃，掌心相对，稍屈肘以减少张力。

（2）吸气，两臂张开，手臂慢慢向下放，肘关节角度保持不变。

（3）肘与肩在一个平面时，呼气，还原。

练习过程中注意不要伸肩，体会像鸟飞翔的动作感觉。

（七）哑铃平板卧推

1.练习目的

发展胸大肌和肱三头肌。

2.练习方法

（1）在长凳上平躺（上体和大腿在凳子上），小腿绷直使身体保持稳定，双手各持一个哑铃，掌心向前，拳眼相对。手臂向上伸展，微屈肘。

（2）吸气，手臂下放，感觉胸部完全活动开后，呼气，胸大肌发力带动手臂向上推至最高处。

在练习过程中，要注意不要过度向前伸肩，背部和大腿不离开长凳，胸肌充分活动。

二、壶铃训练

（一）壶铃推肩

1.练习目的

发展肩部力量、手腕力量和腰腹部力量，同时提升肩关节的工作耐力和柔韧性。

2.练习方法

一只手持壶铃，屈腕向上置于肩前，上体挺直，对侧腰腹肌肉收紧，呼气，用力向上举起壶铃，手臂充分伸展，保持2秒，慢慢还原。两手交替练习。

如果选择重量太大的壶铃，那么练习时为增加向上的初速度，腿部肌肉可以适当发力，用爆发力快速将壶铃向上推起。

（二）壶铃托举

1.练习目的

发展手腕力量和肱三头肌力量。

2.练习方法

两手托起壶铃置于胸前，两臂夹紧，躯干挺直，将壶铃上举过头，手臂充分伸展，控制，然后慢慢还原；也可以单手托壶铃，要有控制地落下。

练习过程中，要选择自己能够控制的重量适宜的壶铃，不同大小的壶铃底部面积不同，对人的手掌和上肢力量的大小也有不同的要求。所以壶铃重量、练习负荷要因人而异。

（三）壶铃风车

1.练习目的

发展腰部、胯部肌肉群力量、腰部旋转力量以及核心力量，同时提升身体协调性。

2.练习方法

单手持壶铃，手臂高举过头。另一侧手臂向下伸展至手触地，上体顺势向持壶铃手臂一侧转，头也转向壶铃所在的方向，目视壶铃。持壶铃手臂的异侧腿支撑身体重心。

练习过程中持壶铃手臂和同侧腿始终伸直，异侧腿稍屈膝，注意还原时有所控制。

（四）壶铃臂屈伸

1.练习目的

发展肱三头肌。

2.练习方法

双手反手抓握壶铃上半部分，手臂向上伸展，将壶铃举过头顶，上臂夹紧与耳朵贴近，躯干挺直，腰腹肌肉收缩。肘部弯曲，壶铃向头后侧放，直至大小臂充分折叠；然后慢慢还原，反复练习。

三、软式重力球训练

（一）重力上挑

1.练习目的

发展全身力量。

2.练习方法

两脚左右分开，稍比肩宽，屈膝半蹲成马步姿势，双手持球放在两腿间。站立，髋和腿充分伸展，双手快速抓起球向上举过头顶，手臂保持微屈状，还原。反复练习。

（二）重力球单腿上举

1.练习目的

发展下肢力量和核心肌群的稳定性。

2.练习方法

两脚左右分开，稍比肩宽，两手抱球，一侧腿屈膝半蹲，另一侧腿屈膝向后摆，同时向前俯身。保持片刻，上体起立，支撑重心的屈膝腿伸直，后摆腿前移、屈膝上提，同时双手将球抱到屈膝腿同侧肩上方，保持，慢慢还原，反复练习。

（三）跪姿重力球前推

1.练习目的

发展上肢爆发力。

2.练习方法

双腿跪在地上，间距同髋宽，躯干正直，双手持球放在胸前。向前移重心，同时用力向前推球，球出手后两手落地屈肘缓冲，此时躯干与大腿在一条直线上。还原，反复练习。

（四）重力球斜上挑

1.练习目的

发展躯干旋转力量和下肢蹬伸力量。

2.练习方法

双脚开立，重力球置于体侧，向有球一侧转身，成弓步蹲姿势，前腿屈膝约90°，双手持球，重心在有球一侧。有球一侧腿部发力快速蹬伸，双手抓起球越过体前移到另一侧头顶上方，此时成另一侧的弓步姿势。还原，反复练习。

（五）重力球后抛

1.练习目的

发展爆发力。

2.练习方法

双脚开立，屈膝半蹲，双手持球放于两膝间。腿部与髋部伸展，同时双手快速抓起球高举从头顶向后抛出。反复练习。

第七章 增强体能的运动项目学练指导

体能是一切运动的基础，无论从事什么项目的训练，最重要的就是先打好体能基础。只有这样，才能保证训练的安全性和有效性。常见的体能训练方式众多，本章选择了近年来具有代表性、广受欢迎的几种运动形式分别进行讲解，希望为广大的健身者提供简单易学的体能发展方法。

第一节 健身跑

一、健身跑概述

（一）健身跑的特点

健身跑运动是非常普及的大众健身运动。健身者根据自身的身体、时间和经济情况安排运动时间和运动量。健身跑对机体心肺功能的要求远大于散步或者快走，对脚腕、膝盖、全身主要肌群也有一定的要求。也就是说，从事健身跑运动需要有基本的健康身体机能，体质较弱或有轻微伤病者不适宜进行健身跑。同时，健身跑对跑步技术和运动量的要求不是很严格，以跑步者自身体验为主要评价标准，只要跑时没有强烈的不适感，呼吸顺畅、动作自如即可。需要注意的是，进行健身跑之前必须做好充分的热身活动，避免膝盖、脚踝等受伤。

（二）基本技术

1.基本姿势

健身跑运动的基本姿势就是慢跑时人体上下肢的配合运动，身体保持自然放松，抬腿不要过高，落地时要以前脚掌柔和落地，两臂前后自然摆动，不要低头，腰背和颈部基本保持正直。健身跑要求跑步者步幅适中，可适当增加步频。运动时心率为140～180次/分钟，每次跑步时间超过30分钟。

2.呼吸

呼吸方式是决定跑步质量的主要因素。健身跑属于有氧运动，运动强度适中。为了保证氧气的及时供给，要注意呼吸的频率和深度，最好保持稳定的呼吸节奏和呼吸深度。一般地，采用两步一呼、两步一吸，或者三步一呼、三步一吸的呼吸方式，跑步者可根据自身情况选择适宜的呼吸方式。如果在跑步过程中出现呼吸节奏紊乱的情况，则应做深呼吸或适当调整跑速，当呼吸均匀之后再继续保持原速度。若出现呼吸急促、困难，应立即停止跑步，稍作休息。

二、健身跑锻炼方法指导

（一）慢速跑练习法

慢跑是健身跑的主要锻炼方式。首先，跑步速度较慢，不要因为提高跑步速度而过分增加跑步负荷，而是根据自己体质情况决定跑步速度。跑步时应努力保持匀速慢跑。身体条件允许的跑步者应做到每次慢跑达30分钟以上。跑步速度可参考如下标准：如慢跑1000米距离，8～12岁儿童用时6～8分钟；青少年用时7～8分钟；30～49岁的青壮年用时5～7分钟；50岁以上老人用时10～15分钟。慢跑运动可每日进行，也可以隔日进行一次。随着跑步技术的提高以及心肺功能的增强，可逐渐提高跑步速度和增加跑步时间，青壮年可以慢慢挑战8000米或者10000米的长距离慢跑运动。

（二）变速跑练习法

变速跑就是在慢跑的基础上增加了一点新的要求，即在慢跑的过程中突然快跑一段距离，再恢复原来的跑速，就这样快跑和慢跑交替进行。变速跑非常适合体质较好的健身跑爱好者。变速跑实际上是有氧和无氧交替的运动形式。慢跑时吸入的氧气就可以满足肌肉活动的需要，属于有氧代谢过程；而快跑时氧需求量增多，当下的呼吸不能满足运动对氧的需求，因此属于无氧代谢。通过有氧和无氧的交替训练，不仅可以发展一般耐力，而且也能提高速度耐力，对提高人体的综合素质具有积极意义。

（三）滑步跑练习法

滑步跑是指跑步者不是面朝前方，而是侧身跑，即向左跑或向右跑，通过向侧方快速滑步达到运动目的。进行滑步跑训练可以全面地提高人体的灵敏性、协调性和平衡性。滑步跑分为向左滑步和向右滑步两种形式。向左滑步时，右脚先从左脚之前向左侧移动一步，左脚则从右脚之后向左移动一步，如此反复侧向前移动，而向右跑时，方向相反。滑步练习可安排在慢跑或者变速跑的间歇，作为调节运动的一种方式。

（四）定时跑练习法

很多健身者都采取定时跑的训练方式。比如每天进行晨练或者晚练的人，他们会选择在每天的固定时间进行跑步活动。也有一些人选择隔日一跑，或者每周进行两次跑步等。这些都属于定时跑训练。定时跑的好处是让机体产生规律的运动周期，有利于耐力、力量和速度的稳定发展和提升。在进行定时跑时，要根据自身的身体情况采取不同的间歇方式来控制运动负荷，从而获得最佳的训练效果。但是一般而言，运动负荷和运动量较大时，间歇时间也较长。运动负荷和运动量较小时，间歇时间也相应较短。

（五）倒跑练习法

倒跑就是向后的慢跑练习，跑步时人体背朝跑步方向，两脚交替向后移动。进行倒跑时要选择空旷平整的场地，以免发生摔倒等状况。练习者在倒跑时，技术动作和正向跑基本一致，只是方向不同。双臂仍然做前后的自然摆动动作，以保持身体的平衡。一条腿抬起向后迈出，脚尖先着地，身体重心随之后移，随后另一条腿跟进，两腿交替小跑向后退。慢速倒跑对于中老年人而言是一种非常有益的锻炼方式，因为倒跑和平时的运动方向相反，可以很好地激活肌肉的敏感性，对保持健康具有积极意义。同时，倒跑对腰肌劳损、腰椎病等患者的康复也有益处。

（六）跑跳交替练习法

顾名思义，跑跳交替练习法就是跑一段距离之后跳几下，再跑一段、再跳几下的运动方式。具体的跑步速度和跳动几下没有具体的要求，练习者可根据自身的情况而定。通过跑跳交替练习，可以很好地发展有氧耐力、爆发力和速度耐力，而且对提高机体的灵活性也十分有效。练习时跑步的速度一般选择慢跑或中速跑，以呼吸均匀有力，脚步自如为准。跳跃动作是在跑动的过程中向上跳几下，使身体肌肉、关节在长时间的连续活动中得到瞬间的休息，可缓解跑步疲劳，调节机体的兴奋度，同时还能提高肌肉爆发力。

（七）爬楼梯练习法

爬楼梯是很多年轻人喜欢的锻炼方式。由于平时时间紧张，许多人没有足够的时间专门进行锻炼，于是每天通过爬楼梯进行锻炼。在上班或回家时，人们通过步行爬楼梯的方式增加锻炼时间。有研究显示，爬楼梯既是增强心肺功能的全身性有氧运动，又是一项可以灵活掌握运动量、无须时间成本和经济成本的锻炼方法。爬楼梯可以预防身体肌群萎缩、韧带僵硬、骨质疏松等症状，还可以促进新陈代谢、帮助强壮肌肉、提升机体的柔韧性等。需要注意，爬楼梯时要匀速进行，不要太快或者太慢，而且抬腿上台阶时，学会用臀部和腘绳肌发力，这样可以起到保护膝关节的作用。

（八）原地跑练习法

原地跑是一种适合老年人或者体质较弱人群的锻炼方式。比如，老年人在较为宽敞的室内就可以进行原地跑练习。原地跑的好处是不受天气的影响，也省去了外出锻炼的通勤时间。对于老年人或者体弱者，他们可以在家人的看护下进行锻炼，十分安全，而且锻炼时间可长可短，能够根据自身的需要灵活选择。另外，原地跑对于体弱者是一种非常方便的锻炼方式，他们可以随时休息或者补充水分。原地跑时还可以听音乐或看视频，因此是一种非常轻松的锻炼方式。

（九）旋转跑练习法

旋转跑既不同于正常跑，又不同于倒跑，是向前跑、侧身跑和倒跑几种方式的综合运动。旋转跑适合青少年儿童或者需要发展灵活性的人群进行练习，而不适合老年人。在进行旋转跑时，身体的旋转使人体产生一定的离心作用，这一定程度上抗衡了重力，使身体各组织器官以及循环系统可以随着旋转跑的进行而发生横向扩张，这非常有利于促进全身血液循环和脑供氧，对增强免疫力有明显好处，同时还有利于提高人体的平衡能力。

在进行旋转跑时，练习者先做原地顺时针和逆时针的旋转运动，开始时圈子大一点，速度慢一点，然后逐渐圈子由大到小、速度由慢到快。向左、向右转两个方向都要进行练习。一般人都习惯顺逆时针各转三圈后再正式练习，并逐步增加旋转的频率、速度及圈数。

第二节　自行车

一、自行车运动概述

常见的自行车运动包括公路自行车运动、山地自行车运动和场地自行车运动。对于体能训练而言，一般可采用公路自行车训练方式。自行车运动现今已经遍布全球各个国家和地区，广泛地受到人们的喜爱。同时，自行车运动也是普通大众日常健身和出行的重要途径。经常进行自行车锻炼，对预防高血压、减肥健美、发展腿部力量以及提升心肺功能具有重要作用。

二、自行车技能学练指导

（一）热身

自行车运动强度较大，在正式骑行前必须做好充分的热身活动，以伸展肌肉、活动关节，避免在骑行中受伤，此外，还可以提升骑行中机体的灵活度，使身体用力更协调，延缓运动疲劳的出现。在热身准备中，先伸展主要肌肉，慢慢骑行一段时间，然后再逐渐加快骑行速度，随之增大运动强度。

（二）身体姿势

骑车时，上体较低，头部稍倾斜并向前伸，使上半身呈橄榄形的弧线状，以减少空气阻力；同时自然屈臂，手掌握于车把，两臂以合适的角度支撑上体，并降低身体重心，防止由于车子颠簸而产生的冲击力传到全身；臀部在鞍座上坐稳。

当在平坦的路面上骑行时，落在后轮上和前轮上的身体重量分别是60%和40%。练习者通过双臂和双腿的配合，随时调节身体的重心位置。比如，在下坡时重心稍后移，上坡时重心稍前移，这样不仅可以省力，还可以避免自行车前翻或者后翻。

（三）手的姿势

骑行者手部握车把的姿势非常重要，正确的姿势可以减轻身体的疲劳感，还可以更加灵活地控制车的行进方向。骑行者可以根据自己的习惯决定手握车把的姿势，不管是哪种握把姿势，都要轻轻地握把，稍屈肘，放松肩部，后背保持自然弯曲度。切忌将车把抓得太紧，这样容易疲劳。轻松的握把方式也有利于随时调整车头方向，避免手臂太紧张而使车子失去控制。骑车中，拇指和其他手指分开成空拳状握住车把。

（四）踏蹬

良好的踏蹬技术可使健身者以最小的能量消耗得到尽可能大的功率，达到高速度。健身者应掌握良好的踏蹬技巧，从而最终获得较好的锻炼效果。骑行时，脚掌平稳地踏在脚蹬上，将脚蹬控制在脚掌中部和脚趾之间，脚掌的纵向与脚蹬轴保持垂直。鞋的前端可伸出脚蹬3～6厘米。在骑行中，脚部尤其是脚踝随着踏板持续地做周期性运动，即以曲柄为半径的重复运动。为了能连续、平稳地把能量传送到动力传动系统，骑行者需连贯踩踏脚蹬做环形运动，不可上下猛踩脚蹬。自行车运动的踏蹬方法主要有以下几种。

1.自由式

自由式踏蹬方法的难度比较大，一般运动员多采用这种方法。在这种方法的踏蹬中，脚在旋转一周的过程中，根据部位不同，踝关节角度发生变化。自由式踏蹬法是在熟悉脚与踏板以及转轴的力学原理的基础上进行灵活调整的选择。自行车运动员的腿部肌肉相当发达，这是因为在骑行中主要是靠腿部力量发力，且大腿与脚蹬旋转所形成的圆周较小，也就是用力周期较短，强度较大。自由式踏蹬频率较快，能够自然地通过临界区，减少死点，可以让大腿肌肉较为放松。

2.脚跟朝下式

脚跟朝下式是指脚跟向下8°～15°的踏板方式。练习者在骑行中一般很少使用这种踏蹬法。这一方法的特点让肌肉短暂改变用力状态，得到短暂休息，可以缓解肌肉疲劳。

（五）变速

变速是一种缓解疲劳、减轻用力的有效方式。优秀的自行车运动员可以利用自行车的变速装置，让身体及时得到休息。特别是当出现用力不均或者明显感到疲劳时，可采取变速的方式稍作缓解。变速技术一般多用于上下坡时、路面凹凸不平时，或者逆风骑行时。总之，变速骑行是自行车运动中比较常见的现象。对于发展体能的健身者，也应学会适当利用变速调整用力，保存体能，从而延长锻炼的时间。

（六）刹车

刹车是自行车的制动系统，刹车装置的优劣直接影响骑行中的运动安全，因此在正式锻炼前首先需要确认刹车装置是否完好，是否灵敏好用。一般来讲，前闸的刹车效果比后闸好。根据地形和车闸刹车效果的不同，两个车闸应该谨慎使用。在短而急的斜坡上向下骑行，或者在土质疏松的地面上转弯时，健身者在没有把握的情况下尽量不要使用前闸。

有人喜欢在长距离的下坡途中一直按住车闸不放，这样会使车圈和闸皮升温，对刹车效果造成影响。因此，可以选择时紧时松的技术，既保证闸皮的刹车效果得以充分发挥，又能有效控制车速，从而安全骑车。

需要注意的是，快速骑行过程中的突然制动也容易造成车身后翻，因此，刹车时身体重心应自然前移，平稳减速。

第三节　健身操

一、健身操运动概述

健身操的动作和主要内容基本上都来源于体操、舞蹈等运动中的素材。健身操具有广泛的适用性，因此流传甚广，尤其在我国发展十分迅速。健身操不仅具有健身性，又有一定的娱乐性、休闲性和社交性，是大众健身的首选项目。尤其是中老年人，他们有运动健身的需要，但是又不能选择强度过大的项目，而健身操简单易学、轻松灵活，对他们非常适合。并且，老年人基本上退休在家，通过健身操，可以多方面地满足老年人社交的需要。

健身操具有明显的艺术感，不仅可以使人强健体魄，还可以使人得到艺术的熏陶，满足人们对美的追求。

二、健身操之有氧搏击操学练指导

有氧搏击操是近年来非常受欢迎且适用范围较广的一种健身操，其动作组合练习方法如下。

（一）动作组合一

1.第一个八拍

手型为拳，如图7-1所示。

图7-1 第一个八拍

2.第二个八拍

手型为拳，如图7–2所示。

图7–2　第二个八拍

3.第三个八拍

手型为拳，如图7–3所示。

图7–3　第三个八拍

4.第四个八拍

面向1点方向，手型为拳，如图7–4所示。

图7-4　第四个八拍

（二）动作组合二

1.第一个八拍

面向1点方向，手型为拳，如图7-5所示。

图7-5　第一个八拍

2.第二个八拍

手型为拳，双臂胸前屈肘，肘向腹部下拉，如图7–6所示。

图7–6　第二个八拍

3.第三个八拍

面向1点方向，手型为拳，如图7–7所示。

图7–7　第三个八拍

4.第四个八拍

手型为拳，如图7-8所示。

图7-8　第四个八拍

（三）动作组合三

1.第一个八拍

手型为拳，如图7-9所示。

图7-9　第一个八拍

2.第二个八拍

手型为拳，如图7-10所示。

图7-10　第二个八拍

3.第三个八拍

手型为拳，如图7-11所示。

图7-11　第三个八拍

4.第四个八拍

手型为拳，如图7-12所示。

图7-12　第四个八拍

（四）动作组合四

1.第一个八拍

面向1点方向，手型为拳，如图7-13所示。

图7-13　第一个八拍

2.第二个八拍

手型为拳，如图7-14所示。

图7-14　第二个八拍

3.第三个八拍

面向1点方向，手型为拳，手臂动作为防守姿势，如图7-15所示。

图7-15　第三个八拍

4.第四个八拍

手型为拳，如图7–16所示。

图7–16　第四个八拍

（五）动作组合五

1.第一个八拍

面向1点方向，手型为拳，如图7–17所示。

图7-17 第一个八拍

2.第二八拍

面向1点方向，手型为拳，胸前屈臂，做好防守姿势，如图7-18所示。

图7-18 第二个八拍

3.第三个八拍

手型为拳，如图7-19所示。

图7-19 第三个八拍

4.第四个八拍

手型为拳，如图7-20所示。

图7-20 第四个八拍

（六）动作组合六

1.第一个八拍

手型为拳，如图7-21所示。

图7-21　第一个八拍

2.第二个八拍

手型为拳，如图7-22所示。

图7-22　第二个八拍

3.第三个八拍

手型为拳，如图7-23所示。

图7-23　第三个八拍

4.第四个八拍

面向1点方向，手型为拳，如图7-24所示。

图7-24　第四个八拍

第四节　健美运动

一、瑜伽

瑜伽在我国具有广泛的市场，深受女性朋友的喜欢。瑜伽是一项古老的健身运动，可以使心灵、肉体和精神得到和谐统一，而且还可以塑造健康优美的身体形态，使身心达到平衡稳定的状态。

（一）瑜伽的功能

1.预防疾病、缓解情绪

现代人的生活处处充满压力，在这样的大环境下，人们若想拥有健康的体魄和积极的心态，就需要进行从生理到心理的全面调节和训练。瑜伽恰好是一种可以同时舒缓心灵、强健体魄的运动形式。经常练习瑜伽可以使人们的内心变得更加平静，减少焦虑，接纳自己，融入当下。瑜伽体式非常丰富，能够全面调动身体各项组织和肌群的运动，促进机体充分伸展，使身体的每一个部分都得到发展。

2.提高平衡能力

瑜伽练习对保持人体生理功能，如呼吸、心率、血压、新陈代谢、体温和其他一些重要的机制都具有明显的好处。最显著的是促进人体平衡能力的提高。通过规律的练习，使身体更加坚韧、平衡、灵活，情绪更加稳定、平和，从而能够全面地提高人体的免疫力，促进心灵的宁静、精神的富足。瑜伽还能够有效地缓解疲劳，改善睡眠。

（二）瑜伽学练指导

练习瑜伽前，要准备一张瑜伽垫，换上宽松或有助于身体活动的运动服装。

1.基本坐姿

（1）简易坐

练习者坐在垫子上，右腿弯曲并放在左大腿之下，左小腿弯曲放在右大腿之下。双手自然放松，放在两膝上，头、颈、躯干都保持在一条直线上。身体保持放松，自然呼吸。

（2）半莲花坐

练习者坐在瑜伽垫上，右腿弯曲，让右脚掌紧靠左大腿的内侧，左腿屈膝并将左脚放在右大腿上，上身坐直并放松，使头、颈、躯干都保持在一条直线上。然后两腿交换位置，适应两种坐姿。

（3）莲花坐

莲花坐有一定的难度，初习者应慢慢学习。练习时坐在瑜伽垫上，双手扶左脚放在右大腿上，脚跟放在肚脐正下方的位置，努力使脚掌朝上。然后双手扶右脚放在左腿上方，右脚掌朝上，上身保持正直。然后两腿交换位置进行练习。掌握坐姿后，体会顺畅的呼吸，可以促进血液循环，因此对哮喘和支气管炎患者十分有益。

2.站立体位法

（1）风吹树式

①站姿，胸前合掌，双脚并拢。吸气时双手向头顶高举，努力伸直手臂，并轻轻夹住耳际，体会身体一直往上延伸的感觉。

②吐气时上身向左侧屈，与此同时，将髋部向右侧缓慢推移，均匀呼吸5次。

③吸气时还原向上。然后再次呼气，上身向右侧屈，将髋部向左侧慢慢推移，均匀呼吸5次。

（2）三角转动式

①保持两膝伸直的同时，将右脚向右转90°，左脚向右转约60°。

②呼气时双臂努力伸直，上身慢慢转向右侧，同时左手在右脚外缘碰触地板。注意动作要缓慢匀速地进行，右手臂向上伸展并与左手臂成一条直线。双眼注视指尖，伸展双肩及肩胛骨，保持30秒。

③恢复时慢慢吸气，双手、躯干以及两脚恢复原来的伸展状态，再恢复基本站立式。

3.跪姿体位法

以猫式为例：

①金刚坐姿，首先将手掌置于膝盖上，保持背部伸直，均匀呼吸。

②吸气时臀部慢慢离开脚跟，俯身向前，以手掌支撑上半身，抬臀塌腰，膝部和脚背贴地面，下颚抬高，背部收紧，保持片刻。

③吐气时收腹，后背拱起，下颚尽量抵住胸部锁骨处，保持静止，自然呼吸5次。

④再次吸气，下颚向上抬，回到动作②。

⑤动作静止，自然呼吸5次。分别重复塌腰和拱背3次之后，还原金刚坐，均匀呼吸。

二、普拉提

普拉提是一种融合了东西方体育精髓的运动形式，既包含东方体育的柔韧精神，也包含西方体育的刚毅品质。普拉提基本上属于静力运动，几乎不会损伤肌肉和关节，且每一个动作都配合着呼吸，因此具有广泛的适用性，尤其适合长期缺乏运动的人群。

（一）普拉提练习要求

1.专注力强

普拉提运动是一项融合肢体和心灵的运动，在训练机体的同时也是对意志力和专注力的训练。专注力对身心健康的重要性不言而喻，凡是事业和学业有成的人，一般都具有较强的专注力。强大的专注力可以理清思绪、集中精神，使学习和工作都拥有十分高的效率。坚持进行普拉提练习，能够很好地训练人的专注力，而且只有全身心地投入练习，才能保证动作的准确和优美。

2.控制力好

运动中的控制力是体现运动员或者健身者运动素质的一个很好的指标，经常运动的人一般都具有较好的控制力。普拉提运动没有随性或偶然发生的动作，每一个动作都经由意识性的引导，如头的位置、背部的弧度、手指的方向、手腕弯直等，而非随意完成的。

3.保持流畅感

在进行普拉提训练时要保持动作优雅、流畅，整体上给人一种行云流水的感觉。

（二）普拉提学练指导

1.保持颈部的弯曲状态

（1）练习者仰卧在垫子上，双腿稍微分开，保持与胯部同宽；同时收紧腹部，保持骨盆的中立状态，同时打开胸部。

（2）练习者努力将后颈部伸长，同时用下巴去触碰前胸。吸气时头部向上并微微向前拉起。

（3）呼气时向初始位置还原，体会通过腹肌控制头部的动作。

2.保持腹部的弯曲状态

（1）练习者在垫子上仰卧，保持双腿的弯曲状态；练习者双手在地板上平放，手心朝下，深深地吸气。

（2）练习者将后颈部伸长，收紧腹肌，双手放在脑后。

（3）吸气的同时双手扶住头部并向上移动。

（4）胸骨与肋骨放松，伸直双腿；吸气的同时保持原有姿势不变，然后伸直脖颈与脊柱，呼气，慢慢向初始位置还原，腹肌收紧。

3.伸腿练习

（1）练习者仰卧在垫子上，双腿与胯部保持同等宽度，然后弯曲左腿，收紧腹肌，肩胛骨紧贴地面，同时打开胸部。

（2）吸气的同时抬高右腿，与骨盆之间呈45°角，骨盆保持放松。

（3）呼气的同时将右腿向初始位置还原，收紧腹肌，肩胛骨始终不离开地面；然后换左腿完成上述动作。

4.桥式练习

（1）练习者仰卧于垫子上，膝盖略弯曲且保持平行状态，双手平放在身体的两侧，手心朝下；吸气时向下沉肩，并挺直背部，腹肌收紧。

（2）呼气时慢慢抬起臀部，并收紧腹肌、臀部肌群和大腿肌群，两脚掌支撑身体，保持30秒，然后回到准备姿势。

第八章　体能学练的营养与医务监督

体能训练的营养与医护常识是每个人都应该了解和掌握的。本章主要针对体能学练科学补充营养、消除运动疲劳、正确处理运动损伤以及康复训练四个主题展开研究，旨在保障体能学练的安全性，提高体能学练的效果。

第一节　科学补充营养

一、营养的合理补充

（一）营养摄入的多样性

人体所需的营养种类繁多，缺一不可。而且每一种营养物质都具有不可替代的作用，需要在合理的配比下才能达到最佳效果。因此，在发展体能的过程中，不仅要树立补充营养的意识，而且还需要掌握科学的营养搭配知识，保证营养的均衡和多样。

（二）营养摄入的针对性

除了多样性之外，营养的摄入还需要做到针对性。每一种营养物质具有特定的功能和作用，因此在补充营养时，要科学选择相应的营养物质，有些需要加强，有些需要减量，做到根据需要灵活应对。例如，对于减肥减脂的人群，应加大热量消耗，并严格控制脂肪的摄入；对于想通过运动塑形的人群，应合理搭配蛋白质和脂肪的比例；对于渴望通过运动延缓衰老的人群，抗衰老的营养物质就应大量出现在食谱中。如果不注意营养摄入的针对性，训练效果自然也就不会理想，营养问题也很难快速解决。

（三）营养摄入的持续性

营养的摄入要持续，而非一时一次就可达到理想的效果。人体的生命过程是一个持续进行的过程，因此，机体对营养的需求也是持续的、不间断的。只有坚持科学营养观进行营养的搭配和摄取，才能够逐渐形成科学的营养习惯，配合体能训练，逐渐打造理想的身体素质。营养摄入的持续性要体现在每一餐中。

（四）营养摄入的主次性

营养的摄入具有主次之分。首先，每一个发展体能的健身者，都要确立自己科学的饮食结构，以自身的运动目标为核心，以现有的身体条件为基础，制订科学合理的饮食计划，明确营养摄取的主次关系。其次，营养摄取不仅要满足人体的生理需要，还要与运动目标一致，根据运动目标摄取相应的营养成分，并按照相应的时间进行摄取。比如，在运动后半小时补充适量的蛋白质和维生素，通过适当的加餐，达到增肌的效果。另外，通过多餐少食也可以避免脂肪堆积的问题。

（五）营养摄入的规律性

人体的生命活动具有自身的规律和节奏，因此，营养摄入也要符合这一规律才能达到较为理想的效果。营养摄入的规律性体现在固定的用餐时间上。不规律的饮食不仅会导致消化吸收功能降低甚至紊乱，而且还会影响训练和睡眠的质量，有害健康。

（六）营养与饮食偏好

对于大多数发展体能的健身者来说，除了坚持用科学的方式摄入营养之外，还要克服各自不良饮食偏好带来的影响。实际上，那些口感诱人的美食很多都是高热量、高脂肪的食物，都不适合健身者食用。比如，一些极容易破坏食物营养的烹调方式，煎、爆、炸、烤等，虽然带来了极佳的口感，但是却破坏了食物本身的营养成分。要想不破坏食物的营养物质，一般建议用最简单的水煮、清蒸或清炒的方式烹饪。为了获得健康的身体和健美的体型，健身者一定要打破饮食偏好，注重营养均衡，这样才能取得较好的训练效果。

二、至关重要的营养成分

（一）蛋白质

蛋白质是维持生命活动最基本、最重要的物质之一，也是肌肉的主要组成部分。将蛋白质排在营养物质的首位，可见其对生命体的重要性非同一般。蛋白质与生命体的基本活动密切相关，机体中每一个细胞核的组成都有蛋白质的参与。蛋白质经过不同的烹饪有不同的营养价值，因此，在摄入蛋白质时要考虑烹饪方式。

蛋白质可以分为两大部分：存在于奶、蛋、鱼、肉中的动物蛋白，以及存在于谷物、蔬菜和水果中的植物蛋白。这两种蛋白质的营养价值迥异，动物蛋白中由于含有丰富的氨基酸，因此可以使食物中的蛋白质得到充分的吸收和转化，及时地为体能训练者提供营养物质，是优质蛋白；而植物蛋白中的氨基酸含量较少，不能被人体直接吸收和利用，因此一般植物蛋白被归为非优质蛋白。

对于体能训练者而言，在选择蛋白质时，首先要注意的是尽量选择优质蛋白，并在此基础之上再适当补充一些植物蛋白。其次，完全蛋白与不完全蛋白所导致的不同吸收率也是选择时需要考虑的一个方面。有些食物内含有储量惊人的蛋白质，但属于不完全蛋白，被人体单独吸收的程度有限，故应当排除在外。最后，还需要了解蛋白质在一天中摄入量以及摄入时间的问题。一般来说，成年人的蛋白质摄入量为每天每千克体重2克蛋白质。对于一个50千克的初级体能训练者，一天的基础蛋白质摄入100克即可。而对于中高级体能训练者，一天需要摄入的蛋白质的量更多，每千克体重需要摄入2.5克以上的蛋白质。如果蛋白质摄入量不达标，可能会出现体能训练效果差、容易疲劳、体力恢复过慢等现象。

（二）碳水化合物

碳水化合物是人体获得能量的主要能源物质之一。与蛋白质、脂肪相比，人体每日膳食中碳水化合物占的比例最高，远远超过蛋白质和脂肪的占比。体能训练者要适当地控制碳水化合物的摄入，从而控制体重和体脂。对于一些瘦弱者而言，碳水化合物是增加体重的主要途径之一。

（三）维生素

维生素对人体的健康和体能发展也具有重要的作用，特别是当运动量增加的时候，汗液的分泌以及人体对一些激素的需求都需要补充大量的维生素。也就是说，在体能训练期间，仅仅靠日常膳食不足以补充发展体能所需的维生素。无论是维生素的补充量还是丰富程度都存在一定的缺口。另外，在体能训练期间，由于加大对蛋白质的补充，相应地也需要额外补充一定的维生素来帮助人体对肉类的吸收和消化。维生素又分为水溶性维生素和脂溶性维生素两大类。其中，水溶性维生素包括维生素B族和维生素C；脂溶性维生素则包括维生素A、维生素D、维生素E和维生素K等。对于体能训练者来说，在合理膳食的基础上，可以额外补充适量的维生素补剂。

（四）脂肪

脂肪是身体供能的主要能源物质之一，它可以维持体温和保护内脏，并且提供人体所必需的脂肪酸。需要指出的是，对于一些减脂减肥的健身者，长时间的零脂肪摄入既不健康也不现实。虽然碳水化合物、蛋白质可以代替脂肪的供能作用，但却无法提供脂肪酸和维持体温。零脂肪摄入对于食品的质量有极高的要求，难以实现。人体正常生理活动也需要脂肪的参加，只要每日脂肪摄入量不超过总能量的30%，就都在合理范围内。

（五）矿物质

人体组织中除碳、氢、氧、氮等主要元素以有机化合物的形式出现外，其余各种元素统称为矿物质。矿物质与人体健康关系密切，尤其在青少年时期，骨骼发育旺盛，肌肉组织细胞数目直线增加，性器官逐渐成熟，机体对矿物质的需求量很大。

人体所需的矿物质有两类。一类是需求量较大的钠、钾，钙、磷、镁、硫和氯等宏量元素。它们对调控体液的交换速率、调节体内营养物质的代谢、保持人体内环境平衡等起着关键作用。另一类是需求量较少的微量元素，如氟、碘、锌、铁等。它们对促进牙齿健康、骨骼形成、血细胞生成、人体组织再生等具有重要作用。

在运动员体能训练过程中，主要矿物质的日推荐摄入量见表8-1。

表8-1　运动员膳食中矿物质日推荐摄入量（单位：毫克）①

矿物质	7～11岁	12～17岁	18岁及以上	
			常温训练环境	高温训练环境
钠	1 000～3 000	2 000～4 000	<5 000	<8 000
钾	2 000～3 000	3 000～4 000	3 000～4 000	3 000～4 000
钙	800～1 200	1 000～1 500	1 000～1 500	1 000～1 500
镁	300～400	400～500	400～500	400～500
铁			男运动员20	男运动员25
			女运动员25	女运动员30
锌			20	25
硒			0.05～0.15	0.05～0.15
碘			0.15	0.15

① 赵琦.体能训练理论与方法[M].南京：东南大学出版社，2017.

（六）水

水是人体维持基本生命活动的必要物质。人必须每日保持充足的水分供应，这是体内能量产生、体温调节、营养物质代谢所不可缺少的基本条件。尤其是在高温季节进行体能训练时，更要注意补水。一般来说，补水总量要大于失水总量，补钠尤其如此，这样才能迅速恢复体能。

一般来说，体能学练中正确的补水方法是，运动前2小时饮用400～600毫升的含电解质和糖的运动饮料或运动前15～20分钟补充400～700毫升的水。运动中根据排汗多少来决定补水量，但每小时补水不超过800毫升。运动后补水以电解质饮料为主。

第二节　消除运动疲劳

一、运动性疲劳的概念

运动性疲劳是指人体在运动过程中出现机体能力暂时性降低的情况，但是经过适当的休息和调整后，可以恢复到原有水平的一种生理现象。运动性疲劳在强度较大的训练中比较常见。另外，不经常进行体育锻炼、偶尔大量运动的人也较容易出现运动性疲劳。在正常的训练过程中，无论是发展体能还是运动技能，人体运动水平的提高一般都会伴随着疲劳—恢复—再疲劳—再恢复的良性循环过程。

尽管运动性疲劳属于训练过程中的正常现象，但是若得不到及时恢复，导致疲劳累积，则容易出现过度疲劳的现象，这就会对人体健康产生不良影响。因此应该对运动性疲劳予以重视，及时恢复，避免因疲劳加重而危害健康。

二、运动性疲劳的分类

运动性疲劳包括生理疲劳和心理疲劳两大类。在体能训练过程中，必然会出现生理性疲劳，这是体能能够发展的前提之一。生理性疲劳主要表现为机体的活动能力暂时性下降。心理疲劳是由心理活动所引起的一种疲劳状态，主要表现为注意力不集中，记忆力减退，思维反应迟钝，动作迟缓，动作的准确性和协调性下降等。

运动性疲劳还有其他分类方法，如按疲劳的范围可以分为整体疲劳和局部疲劳，按运动方式可分为快速疲劳和耐力疲劳。

三、消除运动性疲劳的方法

在体能发展过程中出现运动疲劳是很正常的现象，但这不等于可以置之不理，正确的处理方式是采取相应的措施积极消除运动疲劳消除。运动性疲劳的方法有以下几种。

（一）劳逸结合

出现运动性疲劳后，适当的放松活动是促进疲劳消失的最基础也是见效最快的方式。另外，增加睡眠时间也可以很好地消除运动性疲劳。在大量的运动训练之后，及时做放松活动，合理作息，保证高质量的睡眠，很快就可以恢复体力和精力，再投入下一阶段的训练中。

1.放松活动

放松活动是有效训练的组成部分。在训练后，通过恰当的放松活动，可以使心血管系统、呼吸系统、神经系统和内分泌系统等从适应剧烈运动的状态逐渐过渡到适应安静状态，同时能够促进肌肉放松，常见的放松活动如下。

（1）慢跑是一种很有效的放松活动，通过慢跑，可以加速下肢血液的回流，促进代谢产物排出体内。

（2）静力拉伸等放松练习是减轻肌肉酸痛、僵硬的良好方式，也能促进肌肉中乳酸的清除。

2.睡眠

运动有明显的助眠效果，这是因为运动后由于疲劳的产生，机体倾向于通过睡眠来消除疲劳，因此对睡眠也产生了促进作用。人体在睡眠过程中，机体各个系统和组织逐渐修复。成年运动员在训练期间，每天应保证8～9个小时的睡眠时间，青少年运动员则要保证每天10个小时的睡眠时间。

（二）物理治疗

1.温水浴

在大量运动之后进行一次温水浴也可以明显缓解运动性疲劳。通过温水的冲洗和浸泡，可以促进人体的血液循环，放松僵硬的肌肉，帮助排泄代谢物质。需要注意的是，进行温水浴时水温不宜过高，时间不宜超过20分钟。

2.按摩

对于训练强度较大、训练频率较高的体能训练者而言，按摩是必不可少的一种缓解运动疲劳的途径。通过对各个大小肌群的刺激和神经反射作用，能够促进血液循环，消除大脑的紧张与疲劳，并可以改善由运动性疲劳造成的免疫功能下降的状况。有条件的训练者可以将温水浴和按摩相结合，效果更好。

3.吸氧与负离子吸入

吸氧的目的是促进机体内大量酸性代谢产物的氧化，从而减轻训练者的疲劳感。负离子能提高人体神经系统的兴奋性，加速组织氧化，也有利于疲劳的消除。

（三）营养补充

人体在运动过程中，各个组织器官都处于兴奋状态，或者说是高速运转状态。此时，人体的新陈代谢率急剧增加，会消耗大量的营养物质。因此，在运动后，需要及时补充营养以满足机体正常运转的需要。另外，运动中机体产生的大量代谢产物，如乳酸堆积、酮体生成和氨的积聚，也需要大量的能量才能分解和排出。因此，在运动性疲劳的产生过程中和运动性疲劳出现以后，应尽快摄入足够的营养物质来补充能量、调节生理功能，这是缓解运动性疲劳的重要措施之一。

（四）中草药辅助

专业运动员在大量训练或高强度的比赛后，会采用中草药辅助缓解运动性疲劳。对于普通的体能训练者，可以了解相关的知识，如果有必要，也可以自行选择这一手段辅助缓解运动性疲劳。比较常见的有增加骨骼肌糖原含量的“四君子汤”，改善免疫功能的“补脾I号口服液”，增加耐力的“复方生脉饮”，抗疲劳、耐缺氧、耐寒冷的“复方党参液”，以及增强抗应激能力、耐缺氧、抗疲劳的“益肾口服液”等。

第三节　正确处理运动损伤

一、运动损伤的概念

人体在体育运动过程中所发生的损伤称为运动损伤。运动损伤不同于一般的日常机体损伤，它多与体育运动项目及技、战术动作特点密切相关。

为此，有些运动损伤便以运动项目冠名，如“网球肘”“足球踝”“跳跃膝”等。运动损伤也常与运动训练水平、运动环境与条件等因素有关。研究、总结运动损伤发生的原因、规律、治疗效果、康复时间等问题，不仅可以有效地防治运动损伤，也可以为改善运动条件、改进教学和训练方法、提高运动成绩提供科学依据和实践指导。

二、运动损伤的分类

（一）按受伤组织结构分类

一般可分为皮肤损伤、肌肉和肌腱损伤、关节软骨损伤、骨及骨骺损伤、滑囊损伤、神经损伤、血管损伤以及内脏器官损伤等。

（二）按伤后伤口的完整性分类

1.开放性损伤

开放性损伤是指伤后皮肤或黏膜的完整性遭到破坏，受伤组织有裂口与体表相通，如擦伤、刺伤、切伤、撕裂伤及开放性骨折等。

2.闭合性损伤

闭合性损伤是指伤后皮肤或黏膜仍保持完整，受伤组织无裂口与体表相通，如挫伤、关节韧带扭伤、肌肉拉伤及闭合性骨折等。

（三）按损伤对运动能力的影响分类

1.轻度损伤

轻度损伤是指受伤后仍能进行体育活动或训练，不会留下任何后遗症。比如，轻微的皮肤擦伤等。

2. 中度损伤

中度损伤是指受伤后需要进行门诊治疗，短时间内不能从事剧烈的体育活动，需停止患部练习或减少患部活动的受伤情况。比如，排球运动员手部大面积擦伤，脚踝扭伤，关节错位等。

3. 重度损伤

重度损伤是指受伤后需住院治疗，完全不能从事体育活动或训练，甚至影响正常生活。

（四）按损伤的病程分类

1.急性损伤

急性损伤由直接或间接力量造成，伤后症状迅速出现，病程一般较短。

2.慢性损伤

慢性损伤按病因又可分为陈旧伤和过劳损伤两类。陈旧伤是急性损伤后因处理不当而致反复发作的损伤。过劳损伤是由于局部运动负荷量安排不当，长期负担过重，超出了组织所能承受的能力，局部过劳致伤，症状出现缓慢，病程较长。

（五）按与运动技术的相关性分类

1.运动技术损伤

运动技术损伤是指与运动项目、技战术动作密切相关的损伤，如网球肘、投掷肘、跳跃膝等，多为局部组织过劳伤。此类损伤也有少数急性损伤，如肱骨骨折、体操和技巧运动中的跟腱断裂等。

2.非运动技术损伤

非运动技术损伤多为运动中意外伤，如挫伤、骨折、擦伤和韧带扭伤等。

三、运动损伤的预防

（一）提高思想重视

在正式训练之前，要注意加强安全防范，要有意识地学习和掌握相关的信息，从而在训练的过程中有针对性地避免潜在的伤害。通过思想意识层面的重视，可以在训练前、训练中和训练后采取相应的措施和手段来有效避免绝大部分的运动损伤。如针对运动技术损伤可以采取一定的保护措施，或者通过针对薄弱环节加强训练来规避一定的运动风险。

（二）合理安排运动负荷

当运动负荷过大，超过了训练者现有的承受能力，从而导致不能正确地完成动作，或者动作变形时，就很容易造成损伤。因此，避免运动损伤最重要的方法就是选择合理的训练负荷。当然，如果运动负荷过小，不足以提高和发展体能，那么这样的训练也失去了意义，无法达到训练的目标。

（三）认真做准备活动

运动前，人体的神经中枢系统处于安静状态，其兴奋度不足以应付高强度的训练活动，肌肉、关节等组织也还没有做好准备，整个机体还需要克服自主神经的惰性。此时，突然的大负荷运动容易带来运动伤害。全身各关节、肌肉的热身活动可以加速血液循环，使肌肉组织得到充分的血液供应，从而增强肌肉的力量和弹性，并恢复技术动作的条件反射联系，从而为正式活动做好充分的准备。

（四）合理安排训练时间

每一位体能训练者的基础情况不同，训练目标也不同，理想的训练周期也有差异，因此要区别对待。一般地，训练时间要根据训练者自身的各种条件进行合理安排，并随着训练的进行而灵活调整。比如，青少年的训练时间要相对少于成年人，要给他们充分的恢复时间。总之，应结合训练者的年龄、性别、健康状况、训练水平等特点而制订训练计划。

（五）加强易伤部位的练习

加强对易伤部位和相对薄弱部位的练习，提高其功能，是预防运动损伤的积极措施。例如，为了预防膝部损伤，应积极加强股四头肌的力量训练，这样可以有效地稳定膝关节。为了预防腰部损伤，除加强腰部肌肉的练习外，还应加强腹肌的练习。因为腰部肌肉受伤，与腹肌力量不足有关，腰部肌群与腹肌成拮抗关系，如果腹肌力量不足，易使脊柱过度后伸而致腰部受伤。为预防大腿后侧肌群拉伤，在发展其肌肉力量的同时，还应注意加强股后肌群的伸展性练习。

四、运动损伤的急救

（一）初步诊断

1.收集病史

在处理伤病时，首先应简明扼要地了解伤者过往的伤情和病史，从而快速采取处理对策。对于患有基础病的情况应格外小心和谨慎。收集内容包括：受伤经过、受伤时间、受伤原因、受伤动作以及伤员的自我感觉等。

2.就地检查伤情

包括全身状况观察和局部检查。检查要点包括：

（1）呼吸是否正常，有无呼吸道阻塞、发绀及呼吸异常等现象。

（2）有无休克、呼吸急促、脉搏细弱、血压下降及面色苍白等情况，如果发现四肢发凉、出汗，提示有休克发生，应先抢救。

（3）有无伤口、外出血及内出血。

（4）有无颅脑损伤，凡神志不清的伤者，出现瞳孔变大、耳鼻道出血、眼结膜瘀血以及神经系统症状者，应疑有颅脑损伤。

（5）有无胸腹部损伤。

（6）有无脊髓周围神经损伤及肢体瘫痪等。

（7）有无骨与关节的损伤。

（二）出血的急救

血液是维持生命的重要物质，成年人血量约占体重的8%，即4 000～5 000毫升。如果出血量达总血量的20%（800～1 000毫升）时，就会出现乏力、头晕、口渴、面色苍白、心跳加快及血压下降等全身不适症状。若出血量达总血量的30%，可出现休克，甚至危及生命。对于严重的出血患者，稍有拖延就会造成无法弥补的危害。

1.出血的分类

出血分为外出血和内出血两种。外出血按受伤血管不同，可分为动脉出血、静脉出血和毛细血管出血三类，一般情况下多为混合型出血。

内出血是指血液从损伤的血管内流出后向皮下组织、肌肉、体腔（包括颅腔、胸腔、腹腔和关节腔）及胃肠和呼吸器官内注入。内出血也分为三种，组织内出血、体腔出血和管腔出血。与外出血相比，内出血性质更为严重，因其初期不易被察觉而容易被忽视，从而造成更严重的危害。

2.止血方法

（1）冷敷法

冷敷可使血管收缩，有止血、止痛和防肿的作用，常用于急性闭合性软组织损伤。冷敷一般用冷水或冰袋敷于伤部，常与加压包扎同时使用。

（2）抬高伤肢法

将受伤肢体抬高至心脏，使出血部位压力降低，此法适用于四肢小静脉或毛细血管出血的止血。

（3）加压包扎止血法

有创口的可先用无菌纱布覆盖压迫伤口，通过增加压力而达到止血的效果。这是目前最常用的止血方法，适用于小静脉和毛细血管出血的止血。

（4）加垫屈肢止血法

当前臂、手部或小腿、足部出血时，且没有骨折和关节损伤，可采取加垫屈肢的方法止血。具体操作方法是将棉垫或绷带卷放在肘或膝关节窝上，屈曲小腿或前臂，再用绷带呈“8”字形缠好。

（5）直接指压止血法

用手指指腹直接压迫出血动脉的近心端。为了避免感染，宜先用消毒敷料、清洁的手帕或清洁纸巾盖在伤口处，再进行指压止血。

3.急救包扎的方法

（1）环形包扎法

适用于头额部、手腕和小腿下部等粗细均匀的部位。包扎时把绷带头斜放，用手压住，将绷带卷绕肢体包扎一圈后，再将带头的一个小角反折过来，然后继续绕圈包扎，后一圈压前一圈，包扎3～4圈即可。

（2）螺旋形包扎法

用于包扎粗细相差不多的肢体部位，如上臂、大腿下段和手指等处。包扎时从环形包扎开始，然后将绷带向上斜形缠绕，后一圈压前一圈的1/3～1/2。

（3）转折形包扎法

用于包扎前臂、大腿和小腿等粗细相差较大的部位。包扎时从环形包扎开始，然后用一个拇指压住绷带，将其上缘反折，后一圈压住前一圈的1/3～1/2，每圈的转折线应互相平行。

（三）骨折的急救

骨折是指骨与骨小梁的连续性发生断裂。骨折急救的目的在于用简单而有效的方法抢救生命，保护患肢，使伤者能被安全运送至医院。

1.骨折的分类

（1）按骨折周围软组织的病理情况分类

①闭合性骨折：骨折处皮肤或黏膜完整，骨折断端与外界不相通。

②开放性骨折：骨折且其锐端穿破皮肤，暴露在外界。开放性骨折相对于闭合性骨折更为严重，容易感染，甚至发生骨髓炎或者败血症，应谨慎处理。

（2）按骨折断裂的程度分类

①不完全骨折：骨的连续性未完全中断。一般常见于儿童的骨折，因为儿童骨质较软，韧性高，所以不易完全断裂。

②完全骨折：整个骨的连续性遭到破坏，包括骨的外膜。

（3）按复位处固定后骨折的稳定性分类

①稳定骨折：如骨折面横断或近乎横断有锯齿的斜折，经反复固定后，不易再移位。

②不稳定骨折：如斜面骨折和螺旋骨折、粉碎骨折等，经反复固定后，易再移位。

（4）按骨折线的形态分类

①裂缝骨折，像瓷器上的裂纹，无移位。

②骨膜下骨折，骨膜未破，移位不明显。

③青枝骨折，如绿嫩青枝一样。

④撕裂骨折，又称“撕脱性骨折”。

⑤横骨折，骨折线与骨干纵轴接近垂直。

⑥斜骨折，骨折线与骨干纵轴呈一定的角度。

⑦螺旋骨折，骨折线呈螺旋状，多由扭转力引起。

⑧粉碎骨折，骨折块碎裂成两块以上者，多由直接外力所致，常见于成年人。

⑨嵌入骨折，多由于压缩性间接外力所致。

2.骨折的症状

（1）疼痛

骨折发生时疼痛较轻，随后加重，活动受伤肢体则更疼，持续剧痛可引发休克。

（2）肿胀和皮下瘀血

骨及周围软组织的血管破裂，发生局部出血和肿胀。若软组织较薄，骨折的部位表浅，血肿渗入皮下，形成青紫色的皮下瘀斑，亦可随血液沿肌间隙向下流注，在远离骨折处出现瘀斑。

（3）功能障碍

因疼痛、肌肉痉挛、骨杠杆作用被破坏和周围软组织损伤等，肢体不能站立、行走或活动。

（4）畸形

常因暴力作用和肌肉痉挛使骨折断端移位，出现伤肢缩短等畸形。

（5）压痛和震痛

骨折的部位有强烈的压痛感，有时轻轻叩击远离骨折的部位，在骨折处亦出现疼痛。

3.骨折的急救原则

（1）防止休克

严重骨折、多发性骨折或同时合并其他损伤的伤员，可能会发生休克，急救时应先重点预防休克。具体处理方法是先制动固定伤处，并在骨折部位注射1%～2%的普鲁卡因来止痛。

（2）就地固定

骨折后及时固定可避免断端移动，防止损伤加重。

（3）先止血，再包扎伤口

伤口有出血时先止血，可根据情况选择适宜的止血方法。暴露在伤口外的骨折端，未经处理一定不要复回，应敷上清洁纱布，包扎固定后急送医院处理。

（四）关节脱位的急救

1.肩关节前脱位

症状：肩关节疼痛及运动障碍；肩关节周围明显压痛；上臂固定于外展

25°～30°角；肩关节周围软组织损伤，组织内血管撕裂出血，并出现炎症，关节脱位后不久即出现明显的肿胀。

处理：取两条三角巾或者长毛巾，分别折成宽带，一条悬挂前臂，另一条绕过伤肢上臂，用于固定伤肢。

2.肘关节后脱位

症状：肘关节后脱位时，肘关节保持在半屈曲位，屈伸限制，上肢缩短，肘前三角部突出，肘前后径加大，局部肿胀。触诊可发现肘后三角的关系发生改变，鹰嘴远移至肘后上方。

处理：一般采用铁丝夹板弯成合适的角度，置于肘后，用绷带缠稳，再用小悬臂带挂起前臂。如无铁夹板，可直接用大悬臂带包扎固定。

（五）心肺复苏

心肺复苏是针对呼吸、心跳停止所采用的抢救措施，即以人工呼吸代替病员的自主呼吸，以心脏按压形成暂时的人工循环，并诱发心脏的自主搏动。一般地，只有在发生严重的意外事故，如溺水、外伤性休克等情况下才可能会出现呼吸或心搏骤停的情况。人工呼吸和胸外心脏按压是心脏复苏初期最主要的急救措施。

1.人工呼吸

操作方法：使患者仰卧，松开领口、腰带和胸腹部纽扣，确保其口腔内无异物，然后打开患者口腔，盖上一块纱布。急救者一手掌向下按压患者前额，使其头部后仰，促使气管尽量敞开，同时拇指和食指捏住患者鼻孔，以免气体外溢。另一手托起患者下颌，掌根部轻压环状软骨，使其间接压迫食管，以防吹入的空气进入胃内。然后深吸一口气，张嘴，用双唇包绕封住患者的嘴外缘，并紧贴住向里吹气，吹气完后立即放开鼻孔，让患者呼气。如此反复进行。

2.胸外心脏按压

通过按压伤者的胸骨下端而间接地压迫左右心室腔，使血液流入主动脉和肺动脉，从而建立有效的大小循环，为心脏自主节律的恢复创造条件。进行胸外心脏按压时，患者应平卧，最好头低脚高，背部垫木板，以增加脑的血液供应。

对呼吸、心跳均停止的患者，应同时采用人工呼吸和胸外心脏按压两种急救措施。最好由两人配合进行，一人做人工呼吸，另一人做胸外心脏按压。在进行心肺复苏时，急救一经开始就不能间断，直到患者恢复自主呼吸、心跳或确诊死亡为止。

第四节　康复训练

一、肌力训练

肌力训练是指发展肌肉力量、肌耐力、肌肉适应性和协调性的训练。肌力训练原则、强度以及常用的训练方法如下。

（一）训练原则

（1）肌力训练前一定要做充分的热身运动。

（2）如果是术后的早期训练，要做好保护损伤部位的工作。

（3）如果需要借助器材或设备进行训练，要提前了解操作方法和注意事项，避免因使用不当给机体造成二次伤害。

（4）训练要在伤者能够承受的负荷范围内进行。

（5）训练要兼顾所有大肌群，使其均衡发展。

（6）训练时注意正确呼吸，不要憋气。

（二）训练强度

根据训练目标的不同而安排训练负荷强度。高强度可发展肌肉力量，低强度可提高耐力。

（三）训练方法

1.肌力协调性训练

肌力协调性是指肌肉间相互配合的功能。该训练需结合专项进行，因为不同的运动项目运用的主要肌群不同。对于普通的体能训练者，只要保证训练能够覆盖所有大肌群，且均衡训练即可。

2.髋部肌群肌力训练

（1）伤者侧卧位，伤腿在上，健腿在下，治疗人员面向伤者，用两手托起伤腿至水平位，然后让其做主动的全范围屈髋动作。

（2）伤者侧卧位，伤腿在上，健腿在下，用滑板托起受伤的腿至水平位，然后让其做主动的全范围屈髋动作。

（3）伤者仰卧位，下肢屈髋、屈膝，治疗者面向伤者，双手将其下肢托起，屈髋、屈膝90°。托住足跟及踝关节，向足的方向施加阻力。

3.髋后伸肌群肌力训练

（1）伤者侧卧位，伤腿在上，健腿在下，治疗者站在患者身后，用两手托起伤腿至水平位，然后让伤者做主动的全范围伸髋动作。

（2）伤者俯卧位，下肢伸直，然后让其做全范围伸髋动作。

4.髋内收肌群肌力训练

（1）伤者仰卧位，健腿往健侧外展，伤腿伸直，用滑板将伤腿托至水平位，然后让其主动在滑板上全范围向内收髋。

（2）伤者侧卧位，伤腿在下伸直，治疗者站在其侧面，用双手托起健肢至外展位，然后让其主动全范围抗阻内收髋。

5.髋外展肌群肌力训练

（1）伤者仰卧位，两腿伸直，然后做主动的全范围外展髋。

（2）伤者侧卧位，伤腿伸直，然后做主动的全范围外展髋。

6.髋内、外旋肌群肌力训练

（1）伤者仰卧位，健肢伸直，患肢屈膝、屈髋90°，让小腿置于水平位，然后让其全范围内旋、外旋髋关节。

（2）伤者仰卧位，健肢伸直，用吊带帮助患肢屈膝、屈髋90°，让小腿置于水平位，然后做全范围内旋、外旋髋关节的活动。

（3）伤者坐位，在踝部绑上沙袋，增加负重，让其做主动的内、外旋髋关节活动。

7.膝部肌群肌力训练

（1）伤者卧位，下肢伸直，患肢在上，做主动外展运动。

（2）伤者侧卧位，下肢伸直，患肢在上，用滑板将患肢小腿托起至水平位，在滑板上主动全范围屈膝。

8.屈膝肌群肌力训练

（1）伤者俯卧位，下肢伸直。让其主动全范围屈膝，或站立位做全范围伸膝动作。

（2）俯卧位，下肢伸直，在小腿的远端绑上沙袋，然后让其做全范围屈膝抗阻训练，或将弹力带的一端固定在床头，另一端固定在小腿的远端，全范围屈膝。

9.伸膝肌群肌力训练

（1）侧卧位，健肢伸直，患肢在上，治疗者面向患者站立，并用双手将患肢小腿托起至水平屈曲位，然后让其主动全范围伸膝。

（2）坐位，做全范围的伸膝动作，可将沙袋放置于小腿远端，进行抗阻训练。

10.踝部背伸肌群肌力训练

（1）卧位或坐位，做全范围的踝背伸动作。

（2）将弹力带放在足背，两端固定在远端，做全范围踝背伸的动作。

11.踝跖屈肌群肌力训练

（1）侧卧，患肢在上并置于水平位，做全范围的踝跖屈动作。

（2）用弹力带做抗阻力全范围踝跖屈动作。

12.踝内、外翻肌群肌力训练

（1）仰卧，下肢伸直，做全范围的踝内、外翻动作。

（2）坐位或站位，做主动的全范围踝内、外翻动作。

（3）仰卧，双足分开，将弹力带绕在双足上并绷紧，训练时一足固定，另一足外翻，或双足同时外翻。

二、关节活动度训练

（一）训练原则

（1）通过全面测评，选择训练形式，如被动训练、主动辅助训练和主动训练等。

（2）伤者处于舒适体位，必要时去除影响活动的衣服和夹板等固定物。

（3）在训练过程中要留意观察伤者的总体状况，注意生命体征、活动部位的皮温和颜色变化，以及关节活动度的变化。

（二）训练方法

1.被动训练

适用于肌力在3级以下患者。这种借助外力、患者完全不用力的训练方式可在康复训练的早期采用，适用于伤情比较严重的患者。

（1）患者肢体充分放松。

（2）一般地，运动顺序由近端到远端（如肩到肘，髋到膝），有利于瘫痪肌的恢复；由远端到近端（如手到肘，足到膝），有利于促进肢体血液和淋巴回流。

（3）固定肢体近端，托住肢体远端，避免替代运动。

（4）动作缓慢、柔和、有节律，避免暴力运动。

（5）全程应在无痛范围内进行，循序渐进，以免二次损伤。

（6）训练中可能出现酸痛或轻微的疼痛，但疼痛应在可承受范围内，不应引起肌肉明显的反射性痉挛或训练后持续疼痛。

（7）从单关节开始，逐渐过渡到多关节。

（8）每个动作重复10~30次，每日2~3次。

2.主动辅助训练

主动辅助训练是指，在外力的辅助下，患者主动收缩肌肉来完成动作。助力可由治疗师、患者健肢、器械、引力或水的浮力提供。这种运动是由被动运动向主动运动过渡的形式。其目的是逐步增强肌力，建立协调动作模式。

（1）治疗师徒手或采用棍棒、绳索和滑轮等装置帮助患肢主动运动，兼有主动运动和被动运动的特点。

（2）训练时助力可提供平滑的运动。

（3）训练中应以伤者主动用力为主，并尽量做出最大努力，在少数时候可以提供助力，以免助力替代主动用力。

（4）关节向各个方向依次运动。

（5）每个动作重复10~30次，每日运动2~3次。

3.主动训练

主动训练是指通过患者主动用力收缩完成关节活动的训练。患者既不需要助力，也不需要克服外来阻力，其目的是改善与恢复肌肉功能、关节功能和神经协调功能等。

（1）根据患者情况选择进行单关节或多关节、单方向或多方向的运动；根据病情选择体位，如卧位、坐位、跪位、站位和悬挂位等。

（2）在康复医师或治疗师的指导下，由患者自行完成关节活动。必要时，治疗师的手可置于患者需要辅助或指导的部位。

（3）主动运动时动作宜平稳缓慢，尽可能达到最大幅度，用力到引起轻度疼痛为止。

（4）关节向各个方向依次进行运动。

（5）每个动作重复10～30次，每日完成2～3次。

4.牵引法

牵引法是指通过将受伤关节的近端肢体固定，对其远端肢体进行重力牵引，以扩大关节活动范围的一种训练方法。该方法适用于各种原因所致的关节及关节周围组织挛缩或粘连的关节活动障碍患者。

（1）根据患者关节障碍部位的不同，选用各关节专用的支架或特制的牵引器。

（2）将所需牵引的关节近端的肢体固定于牵引器上。

（3）对关节的远端肢体施加牵引力量，并使牵引力作用点准确落在被牵拉组织的张力最大点上。

（4）牵引力量应稳定而柔和，患者的局部肌肉有一定紧张或轻度疼痛感，但不引起反射性肌痉挛。

（5）牵引时间10～20分钟，使挛缩的肌肉和受限的关节缓缓地被牵伸。

（6）可依次进行不同关节、不同方向的牵引，每日完成2～3次。

参考文献

[1]张前成，欧先亮，王子章.体育教学与体能训练[M].沈阳：辽海出版社，2019.

[2]贺道远.体能训练理论与方法[M].长春：吉林大学出版社，2021.

[3]由元春.体能训练的新思路[M].青岛：中国海洋大学出版社，2019.

[4]杨前，陈志为.青年科学体能训练手册[M].广州：华南理工大学出版社，2020.

[5]马波.科学跑步实用体能训练方法[M].长春：吉林科学技术出版社，2021.

[6]盖文亮.实用体能训练理论与方法解析[M].长春：吉林人民出版社，2020.

[7]牟少华，万京一.体能学[M].北京：人民体育出版社，2007.

[8]康利则，马海涛.体能训练理论与方法[M].西安：陕西人民出版社，2011.

[9]冯炜权.运动训练生物化学[M].北京：北京体育大学出版社，1998.

[10]（美）图德·邦帕,（美）格雷戈里·哈夫著；李少丹，李艳翎，译.周期运动训练理论与方法[M].北京：北京体育大学出版社，2011.

[11]孙建国.体能学练方法设计与实际运用研究[M].北京：中国书籍出版社，2018.

[12]（英）Paul Gamble著；潘迎旭译.集体性项目的体能训练：高水平竞技运动的专项身体准备（第2版）[M].北京：北京体育大学出版社，2016.

[13]龙春生.体能训练法[M].沈阳：辽宁大学出版社，2009.

[14]秦剑博，常宇伟.大学生体能健身理论与方法[M].北京：北京体育大学出版社，2018.

[15]张全成，陆雯.高级体适能与运动处方[M].北京：国防工业出版社，2013.

[16]刘建国，崔冬雪，范秦海.学生体能锻炼教程[M].石家庄：河北教育出版社，2010.

[17]朱军凯.足球运动员的位置体能特征及其训练研究[M].银川：宁夏人民出版社，2017.

[18]赵春英.趣味体能与体育游戏[M].天津：天津科学技术出版社，2014.

[19]徐向军.学校体育游戏与学生体能发展[M].北京：北京体育大学出版社，2014.

[20]张小军，徐大鹏.家庭小器械健身手册[M].北京：金盾出版社，2013.

[21]高宇.再见，健身房徒手与器械体能训练[M].石家庄：河北科学技术出版社，2015.

[22]徐玉明.体适能评定与发展[M].北京：北京体育大学出版社，2013.

[23]赵琦.体能训练理论与方法[M].南京：东南大学出版社，2017.

[24]李建臣，周建梅等.抗阻组合训练[M].北京：人民体育出版社，2016.

[25]（澳）保罗·柯林斯（Paul Collins）著；朱禹承，译.男性力量训练：体能、核心稳定性、爆发力训练指南[M].北京：人民邮电出版社，2017.

[26]尹承昊.体能增长与健身训练[M].济南：山东科学技术出版社，2013.

[27]牛映雪，鹿国晖等.体育保健与运动康复技术[M].北京：化学工业出版社，2016.

[28]陈东.健康体能实用教程[M].北京：北京体育大学出版社，2019.

[29]马良.有氧体能健身操教程[M].武汉：武汉大学出版社，2016.

[30]（美）葛瑞格·盖茨著；任满盈，闫琪，师玉清，等译.足球专项体能训练[M].北京：北京体育大学出版社，2011.

[31]闫琪.游泳专项体能训练[M].北京：北京体育大学出版社，2010.

[32]贺道远，宋经保.运动健身理论与方法[M].武汉：武汉大学出版社，2018.

[33]沈建敏.体育教学创新与运动训练研究[M].北京：新华出版社，2018.